Susanne Hühn & Mo Moberg

Emotionaler
SCHUTZ

Die besten Tipps, wie du deine Seele schützt und zu innerer Stärke findest

Schirner
Verlag

Wir verzichten auf das Einschweißen unserer Bücher – **UNSERER UMWELT ZULIEBE!**

ISBN 978-3-8434-1414-2

Susanne Hühn & Mo Moberg:
Emotionaler Schutz
Die besten Tipps, wie du deine Seele
schützt und zu innerer Stärke findest
© 2020 Schirner Verlag, Darmstadt

Umschlag: Simone Fleck, Schirner, &
Ewa Ledergerber, www.k-und-d.de,
unter Verwendung von Bildern
von www.shutterstock.com
(siehe Bildnachweis)
Layout: Ewa Ledergerber,
www.k-und-d.de
Lektorat: Claudia Simon, Schirner
Printed by: Ren Medien GmbH,
Germany

www.schirner.com

1. Auflage Februar 2020

INHALT

Einleitung – Seelenerwachen erfordert Achtsamkeit und Schutz 7

Achtsamkeit – Bleibe bei dir 11

10 Regeln für ein selbstbestimmtes Leben –
Hilfreiche Richtlinien für deinen Alltag 22

Die eigene Zeit –
Bewahre dir deine Selbstbestimmung durch Zeitlimits 25
Übung: Finde dein Zeitlimit 27

Die goldene Acht – Behalte genügend Raum für dich 31
Übung: Die goldene Acht (Teil 1) 34
Übung: Die goldene Acht (Teil 2) 37

Emotionale Sicherheit für das Innere Kind –
Schütze deinen verletzlichsten Anteil 39
Übung: Der sichere Ort deines Inneren Kindes 40

In der eigenen Kraft stehen – Bleibe auf deinem Platz 47
Übung: Nimm deinen Platz ein 50

Die eigenen Absichten – Schütze dein Energiefeld 53
Übung: Dich von dunklen Kräften reinigen 61

Die Kraft der Erde –
Deine Sicherheit durch ideale Erdung finden 69
Übung: Dein ideales Erdchakra 73
Übung: Deine Erdkraft 75
Übung: Das Herz der Erde 76

In Sicherheit bleiben, auch wenn du viel fühlst –
Emotionale Reinigung macht dich stabil 77

Übung: Dich emotional reinigen 81

Übung: Deine emotionale Stabilität wiedererlangen 82

Dein Krafttier –
Die Stärkung deiner Lebenskraft durch ganz besondere Helfer 85

Übung: Dein Krafttier rufen 87

Mehr Energie in dein Leben rufen –
Neue Projekte bewusst mit Lichtkraft nähren 89

Übung: Mehr Seelenkraft in deinen Körper ziehen 90

Das goldene Ei – Dein innerer Rückzugsort 92

Übung: Dein Rückzugsort 93

Reinigung und neue Energie schöpfen –
Selbstfürsorge, während du für andere sorgst 96

Übung: Dein Kristall der Reinigung 97

Übung: Deine goldene Lichtnahrung 99

Schutzengel – Finde deine himmlischen Helfer 101

Übung: Deine Schuldgefühle loslassen 103

Übung: Dein Schutzengel 105

Nervenschutz für den Alltag –
Errichte eine Schutzhülle für deine Empfindungen 107

Übung: Der Silbersee 109

Will ich das? – Schütze dich mit deinem Ja und deinem Nein 111

Übung: Deinen eigenen Willen erkennen 115

Abstinenz – Vermeide schädliches Verhalten............119
Übung: Dein dich schützender Umhang........................125
Übung: Deine Abnabelung von Ungesundem..................128
Übung: Deine Bitte um Hilfe.....................................130

Co-Abhängigkeit – Von der Sucht, gebraucht zu werden 131
Übung: Das Haus deiner inneren Wahrheit.....................134

Die violette Flamme –
Sorge für Reinigung und Transformation 139
Übung: Deine violette Flamme der Transformation............140

Um Segen bitten –
Erbitte Trost und Hilfe, wenn du sie brauchst oder spenden willst.............141
Übung: Um Segen für dich bitten 142

Sich selbst beistehen – Leiste dir selbst Erste Hilfe 145
Übung: Deine Selbstrettung.......................................145

Äußere Hilfsmittel für deinen inneren Schutz –
Über die Kraft von Symbolen 148
Übung: Lege dir dein Medizinrad.................................152

Beispiele für die Anwendung im Alltag –
Wie du die Werkzeuge nutzen kannst 155

Selbst Engel brauchen Auszeiten –
Bewusst Selbstverantwortung übernehmen 164

Wenn du die Kontrolle verloren hast – Über Sucht......169

Über die Autoren..173

Bildnachweis...176

EINLEITUNG

Seelenerwachen erfordert Achtsamkeit und Schutz

Wenn wir uns mit uns und unserem Bewusstsein beschäftigen, unsere Sinne auch für das Nichtsichtbare schärfen, wird uns eines schnell klar: Nicht alles, was wir wahrnehmen, stärkt uns. Wir sind auf einmal empfindlicher, fühlen uns weniger lebenstauglich als zuvor. Wir funktionieren nicht mehr. Die Umwelt ist zu laut, zu hart, zu fordernd.

Wir erleben einen Konflikt: Wir wollen uns öffnen, durchlässig werden, die Stimmen unserer Seele und unseres Herzens vernehmen. Und wir wollen uns am liebsten mehr und mehr abschotten, einen Schutzwall errichten, damit wir nicht die Energien all derer in uns aufnehmen, die um uns herum sind.

Wenn wir lernen, uns mehr zu fühlen, dann fühlen wir notgedrungen alles – das, was stärkt, und auch das, was schwächt. Wir betreten mit unserem Bewusstsein eine neue Welt, in der es nichtstoffliche Informationen gibt, die wir zum Teil als Fremdbestimmung erleben. Wir nehmen diese in Form von Gefühlen, Körperempfindungen, Gedanken und Stimmungen wahr. Diese Informationen waren auch schon vorhanden, als wir uns ihrer noch nicht gewahr waren, und sicher hatten sie auch da bereits eine gewisse Wirkung auf uns. Doch weil wir uns damals selbst nicht bei vollem Bewusstsein erlebten, sondern uns sowieso wie ferngesteuert fühlten, erfuhren wir die schädlichen Einflüsse um uns herum nicht als solche. Wir kannten ja nichts anderes, als dass andere Menschen und äußere Gegebenheiten unser Leben bestimmten.

Jetzt sind wir auf dem Weg in die innere Freiheit, wir wollen lernen, unserer inneren Stimme zu folgen, statt uns von außen vorschreiben zu lassen, wie wir zu leben haben. Wir verspüren in uns einen Ruf, den Ruf der Seele, die sich ausdrücken will. Sie wird ihren eigenen Weg auf der Erde nicht nur gehen, sondern ihn sich, wenn nötig, auch bahnen.

Ob du dich als Engel erlebst, an Engel glaubst oder wie ein Engel für andere da bist:

Du darfst dich um dich selbst kümmern.

Du darfst dir Auszeiten nehmen und dich und deine Spiritualität hegen und pflegen.

DIE EIGENE WAHRHEIT ANERKENNEN

Wir befinden uns zum Beispiel nach einer Meditation in einer großartigen Stimmung, sind sicher und geborgen in uns, wissen, wer wir sind und was wir wollen. Doch ein Satz, eine hochgezogene Augenbraue machen alles zunichte. Wir fallen in uns zusammen, als wäre unser Energiesystem ein Luftballon, der Bekanntschaft mit einer auf ihn gerichteten Nadel gemacht hat. Wir üben, uns gut zu fühlen, friedlich zu werden, unsere positiven Kräfte zu bündeln und die Ängste und schmerzlichen Gefühle, die uns bislang gefangen hielten, in die Heilung zu bringen, und sind deshalb besonders anfällig für die Gefühle anderer. Wir meditieren, verbinden uns mit nichtstofflichen Ebenen, schweben mit Engeln, lernen, uns immer weiter zu öffnen. Wir rufen das Licht der Liebe in unser Herz und spüren es sogar. Und dann das.

Wir alle haben bestimmt schon Ähnliches erlebt: Wir kommen zum Beispiel strahlend ins Büro, feinfühlig und offen, wie wir es in Seminaren und durch viele Bücher gelernt haben, und sind auf einmal überwältigt von all den negativen Kräften, die auf uns einprasseln. Wir können fast nicht mehr einkaufen gehen, so sehr schmerzen uns die Hast, die Ungeduld, die Schwingungen anderer. Wir verlieren das Gefühl für uns selbst wieder viel zu rasch, denn wir sind noch nicht stabil in unserer neuen Selbstwahrnehmung. Wir fühlen uns mit dem Partner an unserer Seite nicht mehr wohl, er zieht uns runter. Unsere Freunde passen nicht mehr zu uns, und wir fühlen uns einsam.

Wenn wir nun wütend werden, haben wir ein Problem: »Wut ist schlecht« ist der Grundtenor in der Welt derer, die ihren spirituellen Weg gehen. »Schlecht« sagt man auch nicht in dieser neuen Welt der selig Lächelnden, denn Wut zu haben, zeigt, dass wir eben noch nicht erleuchtet, nicht in unserer Mitte sind. Wir hören: »Wut muss transformiert werden.« Sie gilt als irgendwie unheilig. Am liebsten würden wir uns die Ohren zuhalten und laut singen. Wir spüren, dass etwas nicht stimmt, doch wir lernen ja gerade. Wütend durften wir als Kinder schon nicht sein. Wir sind also darauf gedrillt, sie nicht zu spüren, ja, sie sogar zu fürchten.

Trauer ist in der Welt der selig Lächelnden für eine gewisse Zeit erlaubt. Schmerz zu erleiden, wird von vielen als Voraussetzung für spirituelles Wachstum missverstanden. Jeder spirituelle Mensch, der etwas auf sich hält, leidet beinah lustvoll unter dem Schmerz, hier auf der Erde zu sein. Doch bei Wut hört der Spaß auf. Wut zu haben, ist verpönt. Wir hören: »Wärst du in der Liebe, wärst du auch nicht wütend.«

Nun, wir sind Menschen. Wir sind auf der Erde. Wir haben ein Gehirn mit vielen verschiedenen Arealen. Wir können wütend werden, also dürfen wir es auch, sonst wäre es so nicht in uns angelegt.

Fühle doch einfach, was du fühlst. Es ist okay.

DER IMAGO-PROZESS

Du entwickelst dich, bist wie die Raupe, die sich zum Schmetterling entfaltet, in einem Imago-Prozess.* Man kann getrost die Erlebnisse der Raupe auf jeden Entwicklungsprozess übertragen, die Mechanismen sind überall die gleichen. Ohne Kokon geht es in diesem spirituellen Evolutionsprozess nicht. »Imago« bezeichnet ein Zwischending, ein nicht außerhalb des Kokons lebensfähiges, halb fertiges Insekt.

Im Kokon findet ein echtes Drama statt: Während sich die Raupe schon auflöst, um zum Schmetterling zu werden, werden die neu entstehenden Zellen von ihrer Immunabwehr noch bekämpft. Das erklärt, warum du schutzbedürftig bist und das auch sein darfst, ja, sein musst. Das Alte löst sich auf, das Neue ist noch nicht greifbar, und etwas in dir kämpft sogar dagegen an. Und doch ist die Veränderung unaufhaltsam und irreversibel. Was ist das für ein Stress! Kein Wunder, dass du deine Ruhe haben willst.

Das Problem ist, dass wir, während wir uns wie die Raupe verpuppen, gleichzeitig weiterhin in der Welt da draußen bestehen müssen. Wir müssen Kinder versorgen, einkaufen gehen, unserer Arbeit nachkommen. So sehr wir uns auch wünschen, uns zurückzuziehen und die Tür so lange hinter uns zu schließen, wie wir das wollen, so sehr wir uns auch eine Auszeit ersehnen, meistens ruft der Rest unseres Lebens laut nach uns.

Wir brauchen eine Zwischenlösung. Wir brauchen Auszeiten im Kokon, damit sich das Neue, das Feinfühlige, das Echte, in uns entfalten kann.

---

* Buchtipp: Susanne Hühn: Der Imago-Prozess – Veränderungen meistern oder von der ganz natürlichen Einsamkeit einer Raupe im Kokon, Schirner Verlag 2016.

ACHTSAMKEIT

Bleibe bei dir

Das, was dir echten, wahren Schutz bietet, ist Achtsamkeit. Wir werden dir deshalb bei allen Übungen in diesem Buch auch Gedanken der Achtsamkeit und der Bewusstwerdung anbieten. Denn wenn du dir darüber bewusst bist, wie kostbar deine Ressourcen sind, sei es deine Zeit, deine körperliche, deine emotionale oder deine mentale Kraft, dein Geld oder deine Aufmerksamkeit, wirst du insgesamt sehr viel liebevoller und fürsorglicher damit umgehen. Wenn du dir darüber bewusst bist, wie wertvoll deine Kraft ist, wirst du sie nicht mehr verschleudern. Statt dich ständig nur um andere zu kümmern, bleibst du mit deiner Aufmerksamkeit bei dir und schenkst dir damit Energie. Deine grundlegende Absicht verändert sich, weil du dich selbst wahrnimmst und dadurch deine Bedürfnisse besser erkennst.

Das ist der Schutz, den du wirklich brauchst. Wie du ihn entwickelst, zeigen wir dir in diesem Buch. Die Schutztechniken, die du dir durch die Übungen erarbeitest, sind bei Bedarf wie eine massive Stahltür zwischen dir und deiner Umgebung. Sie können aber auch wie ein leichter Vorhang sein, den du zur Abgrenzung einfach zuziehen kannst.

SCHÄDLICHE EINFLÜSSE ERKENNEN

Weshalb ist es so wichtig für uns, dass wir uns schützen? Existieren tatsächlich negative Kräfte, vor denen wir uns abgrenzen müssen? Es gibt letztlich einfach nur energetische Informationen. Nicht jede Information dient dir in dem, was du gerade für dich willst und brauchst. Wenn du zum Beispiel lernen willst, erfüllt und glücklich im Vertrauen auf deine innere Führung zu leben, dann hilft dir die weitverbreitete Information, dass das ganze Leben ein Kampf ist, nicht weiter. Genau diese Idee, alles wäre ein Kampf, willst du ja überwinden. Weil du aber jetzt dein Leben neu ausrichten und gestalten willst, darfst und musst du deinen inneren Radiosender neu einstellen und dich auf das für dich Wesentliche konzentrieren. Du hörst ja auch nicht zig Sendungen gleichzeitig, schon gar nicht, wenn dich das Programm eines ganz bestimmten Senders besonders fesselt und interessiert. Es geht beim Selbstschutz nur darum, jene Radiosender auszublenden, deren Programm du nicht hören willst.

Dieses bewusste Auswählen der Informationen, die für dich wesentlich sind, ist ein äußerst wichtiger Teil des Weges in deine Selbstbestimmung. Denn nur, wenn du dir darüber bewusst bist, was du willst, kannst du den für dich passenden Radiosender einstellen. Und nur, wenn du weißt, was dich stört, kannst du das, was nicht passt, ausschalten. Tust du das nicht, bleibst du wie die meisten Menschen ohne jede Kontrolle allen möglichen energetischen Einflüssen ausgesetzt.

Deine innere Stimme, das Flüstern deiner Seele, kannst du nur dann vernehmen, deine wahren Bedürfnisse nur dann erkennen, wenn du dir den Raum gibst, auf dich selbst zu hören, und dafür sorgst, dass du nicht ständig von den geistigen Energien und Emotionen anderer gestört wirst.

WARUM SPIRITUELLER SCHUTZ WICHTIG IST

Deine Seele ist hier auf der Erde, um ihre eigenen Erfahrungen zu machen. Die Erfahrungen einer anderen Seele sind für diese wichtig, doch für dich möglicherweise sogar schädlich. Du öffnest dich, weil du immer durchlässiger werden willst, um dich selbst und deine Seelenkräfte zu spüren. Deshalb erlebst du auch die Energien um dich herum deutlicher. Für deine spirituelle und geistige Klarheit gilt: Du musst deinen Sender hören, nicht den der anderen.

Spirituellen Schutz anzuwenden, bedeutet, deine Individualität, deine Integrität, dein Du-Sein anzuerkennen. Wir werden dich immer wieder daran erinnern, wie wichtig es für dich und dein Leben ist, dass du herausfindest, wer und was du wirklich bist. Das ist gar nicht so leicht, da um dich herum jede Menge Lärm herrscht. Jeder will etwas von dir, aber auch du willst etwas, sogar dann, wenn du gar nicht genau weißt, was. Dir wird suggeriert, dass du etwas zu wollen hast, auch wenn du es nicht brauchst, dass du dir etwas kaufen sollst, selbst wenn du es dir gar nicht leisten kannst.

Die Leistungs- und Konsumgesellschaft, in der du lebst, verlangt Gehorsam in dieser Angelegenheit. Ausnahmen werden nicht geduldet. Damit du dich aber dennoch herausnehmen, dich um dein spirituelles Wachstum bemühen kannst, anstatt anderen zu gefallen, brauchst du ein Bewusstsein für dich als Individuum. Du musst wissen, dass du nicht von deinem göttlichen Ursprung, deiner Quelle, getrennt bist.

Aus diesem Verständnis heraus wirst du dich zu genau dem Wesen entwickeln, das du von Anfang an sein wolltest: ein Mensch mit spirituellem Bewusstsein, der sich hier auf der Erde erfahren will.

Um das zu gewährleisten und um diesen Prozess zu beschützen, brauchst du deine eigene Integrität. Nur du kannst wissen, wer oder was du bist und was du hier willst. Das dir selbst gegenüber zuzugeben und es in deinem Leben zu verantworten, heißt, du selbst zu sein.

DIE SEELE HAT EINEN FREIEN WILLEN

Selbstverständlich darfst du deine Energie frei verströmen, solange du willst, aber eben genau das: solange DU willst. Du brauchst spirituellen Schutz, damit du die Kontrolle darüber hast, was mit deinem Energiesystem geschieht. Gerade wenn du liebevoll bist, also voller Liebe, brauchst du Schutz und Rückzugsmöglichkeiten, um diesen inneren Zustand bewahren und weitergeben zu können.

Wir werden oft gefragt: »Brauchen wir überhaupt Schutz, wenn wir in der Liebe und nur in der Liebe sind?« Wir sind hier, um alle Gefühle zu erfahren, nicht nur reine Liebe. In Momenten, in denen wir verletzlich und mit uns selbst beschäftigt sind, uns sehr um andere sorgen, etwas Neues wagen, einen Verlust erleiden, in Momenten, in denen das Leben uns fordert, brauchen wir das Bewusstsein dafür, wie wir auf unser Innerstes aufpassen können.

Was wäre, wenn sich die Seele schon vor der Geburt, vor dem Start in dieses Leben, sehr genau aussucht, wie, wo, wann, in welcher Familie und unter welchen Bedingungen sie inkarnieren will? Vielleicht wählt sich die Seele ihre Lebensumstände auf der Erde, um bestmögliche Chancen und Voraussetzungen für ihren Zuwachs an Erfahrung und Liebe zu haben. Den freien Willen übt sie in diesem Leben aus, indem sie sich sehr kreativ Situationen aussucht, in denen sie gefordert wird.

Auch Situationen, in denen du als Mensch überfordert bist, sind von der Seele gewählt. Das ist gut so, denn dann muss dein angstvolles Ich beiseitetreten, um deiner spirituellen Weisheit den Vortritt zu lassen.

WANN MUSS MAN SICH SCHÜTZEN UND WANN NICHT?

Sich zu schützen, heißt, verantwortungsbewusst zu wählen, mit welchen Situationen wir uns heute auseinandersetzen wollen und mit welchen nicht. Es bedeutet nicht, sie zu vermeiden und zu verurteilen, sondern, sich in dem Wissen, sicher und geschützt zu sein, auch schwierigen Situationen zu stellen.

Mithilfe der Übungen, die wir in diesem Buch vorstellen, wirst du ein neues Bewusstsein erlangen und die Angst vor vielem verlieren. Du erkennst, wer du bist, wirst handlungsfähig. Du bist kein Opfer der Situation mehr, sondern bleibst selbstbestimmt.

Du hast ein Fürsorgerecht, aber auch eine Fürsorgepflicht dir selbst gegenüber. Es gibt Tage, an denen du deine Ruhe haben willst, weil du sie dringend brauchst. Und es gibt Tage, da musst du dich Herausforderungen stellen, um weiterzukommen. In beiden Fällen ist es sinnvoll, ein paar Möglichkeiten zu haben, innere Ruhe zu bewahren, denn sonst wirst du zum Spielball anderer oder deiner eigenen Ängste.

Deine Seele will sich ausdrücken, ihr eigenes Lied singen, so, wie die Seele eines jeden anderen auch. Jedes Lied hat seine Berechtigung und seine Schönheit. Doch sicher willst du nicht all die Lieder auf einmal hören, sondern selbst entscheiden, welchem du deine Aufmerksamkeit schenkst und welchem nicht. Nicht alle Lieder sind für deine Ohren bestimmt. Wenn alle Lieder gleichzeitig ertönen, erlebst du eine Kakofonie.

Wir zeigen dir, wie du herausfiltern kannst, was für dich wichtig ist, wie du Grenzen setzt, damit du dich und dein eigenes Seelenlied hören kannst.

Woran erkennst du, dass du spirituellen Schutz benötigst?

- **Du nimmst eine dunkle Wolke wahr, die sich um dich legt.**
- **Du fühlst dich selbst nicht mehr richtig, stehst wie neben dir.**
- **Du hast fremde Gedanken.**
- **Du hast fremde körperliche Wahrnehmungen: Unwohlsein, Herzdruck und manchmal auch Angst oder Herzrasen.**
- **Du spürst, dass sich dein gesamtes Energiefeld senkt, du dich insgesamt dunkler und schwerer fühlst.**

WARUM EMOTIONALER SCHUTZ WICHTIG IST

Du bist ein spirituelles Wesen, aber als Mensch auch ein emotionales. Wir haben im Gehirn einen Anteil, der dafür prädestiniert ist, die Gefühle anderer Menschen wahrzunehmen und sie zu unseren eigenen zu machen: Der Mandelkern, die Amygdala, ist das sogenannte Angstzentrum im Gehirn. Angstauslösende, also potenziell gefährliche Situationen zu erkennen, ist überlebensnotwendig. Da, wo andere Menschen Angst zeigen, ist es offensichtlich auch für uns gefährlich. Da geht man besser nicht hin, lernen wir, und das ist richtig so. Weil wir aber in einer emotional aufgepeitschten Gesellschaft leben und die Medien einiges dazu beitragen, dass eine Angstwolke um die Köpfe der meisten Menschen wabert, wird die Amygdala ständig mit einseitigen emotionalen Informationen gefüttert. Und das steckt an. Uns also vor den Emotionen anderer zu schützen, damit wir uns selbst spüren können, ist eine Notwendigkeit, wenn wir nicht emotional von

außen programmiert werden wollen. Wir schirmen unsere Amygdala vor diesen emotionalen Informationen ab, indem wir spirituellen und emotionalen Schutz nutzen.

Noch einmal: Diese Nachahmreaktion der negativen, also eine Bedrohung anzeigenden Gefühle anderer ist für uns als soziale Wesen, die vollkommen hilflos auf die Welt kommen, lebensnotwendig. Und diese Gefühle wären auch gar kein Problem, würde jeder emotional angemessen auf seine Umgebung reagieren. Doch das tun nicht alle. Wir sind von Menschen umgeben, die sich sorgen, die in Ängsten und Ressentiments leben. Und weil auch wir selbst oft noch aus den alten emotionalen Verletzungen heraus die Welt betrachten, strahlen vielleicht auch wir ständig Stress auslösende Emotionen aus, bemerkt oder unbemerkt. Unsere Amygdala ist in ständiger Habachtstellung, auf die nun wiederum die Amygdala eines jeden, mit dem wir es zu tun haben, unbewusst reagiert. Sind wir ständig in Angst und Sorge, dann stecken auch wir unsere gesamte Umgebung damit an.

Wir haben also allen Grund, auf unser emotionales Umfeld zu achten, da wir wissen, dass wir unweigerlich mit den Gefühlen anderer in Resonanz gehen.

Wir wechseln durch unseren spirituellen Weg von einem auf Angst basierenden Grundgefühl in eines, das auf Liebe und Vertrauen ins Leben fußt. Dabei dürfen wir nicht ständig gestört werden. Denn wenn permanent die alten Verteidigungs-, Vermeidungs- und Fluchtreaktionen abgerufen werden, entwickeln sich im Gehirn keine dauerhaften neuen Verbindungen. Emotionaler Schutz ist so wertvoll und notwendig, weil wir sonst nicht nachhaltig vom hoch ansteckenden Weltschmerz genesen können und ihn deshalb weitergeben.

FÜR EINE POSITIVE ENTWICKLUNG BRAUCHT ES NEGATIVE AUSLÖSER

Ganz schwierig wird es, wenn die schmerzlichen Gefühle derer, denen wir begegnen, unseren eigenen Verletzungen ähneln. Dann meldet unser Gehirn nicht nur »Vorsicht!«, sondern auch: »Rette sich, wer kann, das haben wir schon einmal fast nicht überlebt!« Unsere Ängste werden also angeregt, das heißt getriggert.

Der Vorteil: Wir können erkennen, dass wir offensichtlich verletzt und verängstigt sind, und uns dann darum kümmern. Der Nachteil: Sind wir bereits auf dem Weg unserer emotionalen Genesung, dann ist es wenig hilfreich, wenn die gleichen alten Auslöser immer wieder dieselben alten Gefühle und Reaktionen in uns hervorrufen. Warum? Weil wir dann nie neue Erfahrungen machen können. Wenn wir unsere Gefühlswelt nachhaltig verändern wollen, dann brauchen wir positive gelebte Erfahrungen, die die neuen Gefühle bestätigen, sogenannte positive Verstärker, die uns zeigen: Wir haben es richtig gemacht. Es lohnt sich, der Welt optimistisch und zuversichtlich zu begegnen.

Neue Erfahrungen kannst du nur durch ein neues, verändertes Bewusstsein erlangen. Dieses neue Bewusstsein entwickelst du, indem du bewusst für deinen Schutz sorgst. Denn es gibt Wendepunkte im Leben, in denen es essenziell auf deine stabile positive innere Haltung ankommt.

Ein Beispiel: Du öffnest dich dafür, dich beruflich zu verändern. Die Zweifler sind selbstverständlich sofort zur Stelle, der eigene innere und die äußeren anderen. Sie sagen: »Du bist zu alt!«, »Du bist zu jung!«, »Du verdienst doch gerade so gut, bist du verrückt?«, »Du bist in Sicherheit, riskiere nicht, was du hast!«, oder: »Kannst du das denn überhaupt?«

Was du brauchst, ist ein Coach, jemand, der dir Mut macht und dir sagt: »Den Mutigen gehört die Welt. Probiere es doch aus, das schaffst du! Und sogar wenn du scheiterst, hast du deine Erfahrungen gemacht. Du wirst aus deinen Fehlern lernen, du wirst aufstehen und weitermachen.«

Du hast vielleicht schon gelernt, dich selbst zu coachen, du bist guter Dinge. Natürlich hast du Angst vor dem Scheitern, doch du gehst die Herausforderungen zielstrebig an. Du lässt das Alte in dem Vertrauen hinter dir, dass das Neue kommen wird, wenn du dich dafür öffnest. Wärst du der Schmetterling im Imago-Prozess, über den wir am Anfang gesprochen haben, dann wärst du jetzt im Prozess des Schlüpfens. Wenn dich jemand in dieser hochsensiblen Phase entmutigt, dann könnte es sein, dass du scheiterst. Darum schütze dich.

Stelle dir eine Art Gewächshaus vor, in dem deine inneren Pflanzen, deine Wünsche und Träume, wachsen und reifen können, einen sicheren Raum, in dem du sie hegen und pflegen kannst. Wenn deine Pflanzen Früchte tragen, nutze sie in erster Linie für dich selbst. Die Früchte, die übrig bleiben, darfst du gern großzügig draußen verteilen.

Woran erkennst du, dass du emotionalen Schutz benötigst?

- **Du wirst auf einmal ungehalten, ärgerlich, weinerlich.**
- **Du fühlst dich ungeborgen.**
- **Du kommst dir vor wie ein einsames Kind, dein Herz tut weh, du könntest weinen.**
- **Deine Gefühle scheinen nicht mehr zu dir zu gehören, sie sind wie ferngesteuert.**
- **Du spürst eine unbestimmte innere Spannung.**

Du kennst diesen Effekt sicherlich, wenn du eine bestimmte Musik hörst. Musik soll und will Emotionen hervorrufen. Das ist gut, gerade wenn es Gefühle sind, die du haben willst und die dich beflügeln. Weniger gut ist es, wenn es sich um Gefühle handelt, die dich emotional lähmen. Immer wenn du dich emotional fremdbestimmt und damit unfrei fühlst, solltest du dich schützen. Im Falle der Musik: Schalte sie einfach aus.

DIE WERKZEUGE, DIE ES BRAUCHT

Halte es einfach. Das Leben ist vielschichtig und komplex, aber in Wahrheit nicht kompliziert. Kompliziert wird es nur, wenn wir versuchen, Situationen oder Menschen zu kontrollieren und sie oder uns selbst nach unserem Willen zu verändern.

Manchmal kann man nur schwer entscheiden, ob man emotionalen oder spirituellen Schutz braucht. Oft genug ist auch beides nötig. Deshalb zielen viele Übungen auf dein gesamtes Energiesystem ab, nicht nur auf deine Emotionen oder deinen spirituellen Zustand. Für dich ist es letztlich nicht wichtig, zu wissen, worauf der Schutz abzielt. Dein Energiesystem nimmt sich die Hilfe, die es braucht, und zwar dort, wo es nötig ist. Suche dir einfach das aus, was dir guttut.

Wir zeigen dir die für uns wichtigsten Werkzeuge, mit denen du gut für dich sorgen kannst. Wenn du denkst, gerade heute keine Zeit für eine Übung zu haben, kann es sein, dass du den Schutz, den sie dir bietet, am dringendsten brauchst.

Es sind viele verschiedene Werkzeuge, die unterschiedliche Gehirnbereiche ansprechen. Einige sagen dir sicher mehr zu als andere. Bitte nutze das, was dir dient, und lasse den Rest einfach beiseite. Jede der Übungen kann dein Leben tatsächlich verändern, weil der Teil von dir, der zuvor unsicher war und sich ausgeliefert fühlte, jetzt in Sicherheit ist. Probiere es aus! Dich bewusst zu schützen, bedeutet nichts weniger, als dir selbst die radikale Freiheit zu geben, deinen eigenen Weg zu gehen.

10 REGELN FÜR EIN SELBSTBESTIMMTES LEBEN

Hilfreiche Richtlinien für deinen Alltag

1. Innehalten

Wenn dir etwas schmerzhaft oder kompliziert erscheint, atme erst einmal tief durch. Bete. Sätze wie »Ich brauche Hilfe!« oder »Dein Wille geschehe!« bewirken Wunder.

2. Vermeiden

Wenn dir etwas wirklich nicht guttut, dann vermeide es. Gehe, wenn möglich, einfach nicht hin. Du hast das Recht, deine Zeit auf die Weise zu verbringen, die dir guttut. Es ist deine Lebenszeit, deine Zeit hier auf der Erde, vergiss das nicht. Danke, dass du sie gerade mit uns und diesem Buch verbringst.

3. Filtern

Du entscheidest, welche Informationen du aufnimmst und welche nicht. Filtere die heraus, die dir Angst machen, die du nicht hören willst. Du hast einen Einfluss auf das, was auf dich einprasselt. Es geht nicht darum, die Augen zu verschließen, sondern darum, auszuwählen, worauf du deine Aufmerksamkeit lenkst. Schmerz und Angst sind real, und es geschehen schlimme Dinge auf diesem Planeten, die fast immer durch Menschen verursacht werden. Gleichzeitig aber geschehen wundervolle Dinge, die ebenfalls durch Menschen verursacht werden können. Das Schöne ist gleichermaßen real und echt wie das Schlimme.

4. Rückzug

Plane genügend Zeiten ein, in denen du nicht gestört werden darfst. Erschaffe dir einen Rückzugsort. Das ist wirklich wichtig. Du musst dich um dein inneres Gewächshaus kümmern können.

5. Fokus

Es sind deine Aufmerksamkeit und deine Lebenskraft. Du entscheidest, wem du sie zur Verfügung stellst. Viele Menschen und Medien wollen etwas von dir, nur einmal eben fünf Minuten deiner Zeit, aber damit auch deine Aufmerksamkeit. Wenn du weißt, dass deine Aufmerksamkeit bestimmt, wohin deine Lebenskraft fließt, dann überlegst du es dir sicher noch einmal sehr genau, für wen du da bist, was du dir anhörst und anschaust.

6. Gesundheit

Deine Gesundheit unterliegt deiner Verantwortung, und dementsprechend darfst du von nun an auch handeln. Das bedeutet: Gib deinem Körper, was er braucht, und halte alles von ihm fern, was ihm schadet. Das klingt einfach, und das ist es auch. Was dir schadet und was dir guttut, das sagt er dir, und da musst du dir auch nicht reinreden lassen. Nicht alles, was anderen hilft, ist auch gut für dich. Und nicht alles, was anderen schadet, ist auch für dich ungesund. Vertraue deiner inneren Weisheit.

7. Selbstbestimmung

Dein innerer Raum ist heilig, und niemand darf ihn betreten, außer du lädst ihn ausdrücklich dazu ein. Emotionalen Inquisitionen darfst du genauso aus dem Weg gehen wie spirituellen. Das bedeutet: Niemand hat dir zu sagen, was du wann zu fühlen oder nicht zu fühlen hast.

Niemand darf dir deine Wahrnehmungen absprechen. Die Pflanzen, die du in deinem inneren Gewächshaus beherbergst, deine tiefsten Wünsche, Träume und Visionen, gehören zu dir und gehen niemanden etwas an. Lasse dir niemals deine Träume ausreden. Erlaube niemandem, dir zu sagen, dass das, was du fühlst, falsch sei. Du hast ein Recht auf spirituelle und emotionale Selbstbestimmung.

8. Grenzen

Du hast das Recht, Grenzen zu setzen und Nein zu sagen – immer und überall.

9. Freiheit

Du bist ein spirituelles Wesen und als solches frei. Du hast das Recht, dich selbst zu fragen: »Will ich das?«, und du hast das Recht, entsprechend zu handeln. Das heißt, dass die Pläne anderer genau das sind: eben die Pläne anderer. In jedem Moment deines Lebens darfst du dir darüber bewusst sein, welchen Weg du gehen willst, ob beruflich oder privat. Auch ein »Ich weiß es noch nicht« ist eine legitime Antwort und zeigt, dass du dir die Frage »Was will ich?« gestellt hast. Du bist hier, um die Absichten deiner Seele in Taten und Emotionen umzusetzen. Das wird dir nur gelingen, wenn du dich nicht von den Plänen anderer davon abbringen lässt.

10. Schöpfung

Du bist der Schöpfer deiner Wirklichkeit, also schöpfe. Gib dem, was du im Außen bewegen willst, eine Absicht. Mache dir bewusst, was du willst, und handle entsprechend. Konzentriere dich auf das, was du willst, nicht auf das, was du nicht willst. Es ist gut, zu wissen, was du nicht willst. Doch noch besser ist es, zu wissen, was du willst. Höre auf, das zu tun, was du nicht willst. Fange an, dich auf das zu fokussieren, was du tun willst.

DIE EIGENE ZEIT

Bewahre dir deine Selbstbestimmung durch Zeitlimits

Kannst du dich gut abgrenzen, Nein sagen und gehen, wenn du gehen möchtest? Fällt es dir leicht, eine Sitzung zu verlassen, einen Besuch zu Ende zu bringen, ein Gespräch oder auch einen Termin mit einem Kunden rechtzeitig zu beenden? Oder stellst du immer wieder fest, dass du dir Zeit stehlen und dich doch noch in ein Gespräch verwickeln lässt, noch einen Rat gibst und dir noch einen Satz anhörst?

Frage dich: »Muss ich überhaupt in dieser Situation sein? Was sind meine Beweggründe, Ängste, aber auch Motivationen und Wünsche, derentwegen ich überhaupt teilnehme?« Du bist, wie jeder andere auch, ein Zeitreisender, jemand, der sich diese Zeit in diesem Leben genommen hat, um bestimmte Erfahrungen zu machen. Somit ist die Frage nicht, ob du Zeit hast oder nicht. Du hast Zeit, alle Zeit. Vierundzwanzig Stunden am Tag gehören dir, dein ganzes Leben lang. Du darfst dir die Frage stellen, wofür du dir deine Zeit nimmst. Wenn du sie dir nehmen lässt, dann hast du die Grundidee deines Lebens noch nicht verstanden. Es ist deins, damit du damit machst, was du willst. Wenn das, was du tust, nicht mit dem, was du willst, übereinstimmt, dann solltest du etwas ändern. Denn dein Leben wird irgendwann vorbei sein, und dann zählt nur, ob du es gelebt oder es anderen zur Verfügung gestellt hast. Andere haben ihr eigenes Leben zu leben und nur dann in deinem etwas verloren, wenn du es möchtest, und zwar nur in dem Maße, in dem du es erlaubst.

Deine Zeit und deine Aufmerksamkeit sind also sehr wertvolle und kostbare Güter. Da ist es kein Wunder, dass andere sie gern so lange wie möglich in Anspruch nehmen möchten. Es gibt eine kleine, aber sehr effektive Übung, die dir gute Dienste leisten wird.

Setze dir ein Zeitlimit!

Überlege dir vor einem Termin oder Telefonat, sei es beruflich oder privat, wie viel Zeit du mit einem guten Gefühl dafür aufbringen möchtest. Selbstverständlich kannst du diese Entscheidung immer wieder neu treffen, aber sie verleiht dir eine Art gefühltes Zeitlimit. Erspürst du vorher dieses Limit, dann bist du aufmerksamer, wachsamer dir selbst gegenüber, und außerdem kannst du gleich zu Beginn kundtun, dass du beispielsweise in einer Stunde wieder gehen oder in zehn Minuten wieder auflegen musst. Es ist leichter, sich an eine vorher mit sich selbst und dem anderen vereinbarte Zeitstruktur zu halten, als erst während eines Gespräches zu erspüren und mitteilen zu müssen, wann es genug ist. Warum? Weil du, wenn du von der Bedürftigkeit oder der Dominanz des Gesprächspartners bereits fast oder völlig überwältigt bist, keinen klaren Gedanken mehr fassen, geschweige denn Grenzen setzen kannst.

FINDE DEIN ZEITLIMIT

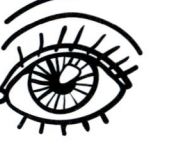

Nimm dir also vor einem Termin kurz Zeit, lausche nach innen, und frage dich, wie viel Zeit du aufbringen und wie viel Energie du einsetzen möchtest. Du spürst das bestimmt sehr deutlich. Erlaube dir, ganz ehrlich zu sein, denn es geht um deine ureigene innere Wahrheit. Die geplante Zeitspanne verlängern oder verkürzen kannst du später immer noch, aber dazu musst du erst einmal deine eigene Position kennen.

Führe dir eine Uhr vor Augen. Stelle in Gedanken die Zeiger auf den Beginn deines Gesprächs oder Treffens. Bitte nun darum, dass sich zeigt, wie viel Zeit du dafür aufbringen willst. Die Zeiger dieser gedachten Uhr bewegen sich jetzt, während du an deinen Termin denkst. Irgendwann bleiben sie stehen. Du kennst jetzt den für dich stimmigen Endpunkt deines Termins.

Dieses Bild spiegelt die Wichtigkeit wider, die dein Treffen heute für dich hat, und es zeigt den Raum, den du diesem Termin geben willst. Nun hast du einen Anhaltspunkt. Wenn du dich nun dazu entscheidest, den Termin auch wirklich zur für dich stimmigen Zeit zu beenden, dann hast du bereits ein großes Stück Freiheit zurückerlangt.

Selbstverständlich respektierst du von nun an auch die Selbstbestimmung der anderen und hältst diese weder am Telefon noch an der Tür fest. Auch deine eigene Bedürftigkeit darf nicht dazu führen, andere unbewusst auszubeuten. Wahre deine Grenzen und die der anderen.

Zeit ist wie ein Schatz, sie will gehütet und wertgeschätzt werden. Wie alles, was wertvoll ist, kann man sie verlieren, aber auch gewinnen. Das Geheimnis des Zeitgewinns ist der achtsame Umgang mit ihr. Wenn du im Hier und Jetzt bewusst und achtsam mit dir und deiner Lebenszeit umgehst, dann wirst du den jeweiligen Moment empfinden, als ob du alle Zeit der Welt hättest. Wenn du aber über den nächsten Termin, den nächsten Ort, an dem du schon längst sein müsstest, nachdenkst, verlierst du alle Zeit, die du hast, weil du den jetzigen Moment verpasst. Du erlebst das Gefühl von Zeitlosigkeit, wenn du etwas tust, was du liebst, zum Beispiel gedankenverloren spazieren gehst, ein gutes Buch liest oder mit Menschen zusammen bist, bei denen du dich wohlfühlst und die du liebst.

Die Zeit an sich verändert sich nicht, aber du gibst ihr eine relative Wichtigkeit. Du lässt dich nicht mehr durch die Zeit bestimmen, sondern bestimmst, was du mit deiner Zeit machst. Dadurch wird dein Leben reich und erfüllend. Zeit ist kein Diktator mehr, der dich und dein Leben regiert. Sie ist dir gegeben, damit du sie nutzt, und zwar für dich und das, was dir wichtig ist. Was das ist, bestimmst du, aber wenn du nicht bewusst und achtsam bist, dann bestimmen deine Ängste, Gewohnheiten, Pflichten und letztendlich die Prioritäten der anderen, was dir im Leben wichtig sein soll. Du brauchst dann auf einmal all deine Lebenszeit für andere und hast keine mehr für dich übrig.

Stress hat man nicht, man macht ihn sich.

Manchmal musst du dir überhaupt erst einmal mutig Raum verschaffen, um dir deiner selbst bewusst zu werden. Wer oder was bist du? Bist du überhaupt, oder funktionierst du nur? Hast du dich heute schon selbst wahrgenommen, oder bist du in ständiger Vermeidung und weißt gar nicht mehr, wie du dich anfühlst?

Stress hat man nicht, sondern man macht ihn sich, oft aus genau dem Grund, sich selbst nicht fühlen zu müssen. Wenn du dir viel aufhalst, viele Verabredungen und Verpflichtungen eingehst, deine Zeit großzügig auf Arbeit, Familie, Bekannte und Bedürftige aufteilst und am Ende keine übrig hast, um dich zu erholen und Kraft zu tanken, dann wirst du zum Märtyrer, der sich selbst vergisst, um andere zu retten. Das klingt heroisch, aber in Wahrheit verleugnest du nur dich selbst. Du verschenkst mehr, als du hast, und hoffst darauf, dass am Ende jemand anderes dich retten wird. Selbstverständlich darfst und kannst du dein Leben und deine Zeit aus Freude und freiem Willen geben, aber eben nicht opfern, nicht dich selbst aus Angst, schlechtem Gewissen oder falschem Pflichtbewusstsein aufgeben. Du bist kein Opfer, dein Leben ist nicht dazu da, um es zu durchleiden.

Dein Leben ist dir gegeben, damit du es lebst.

Die anderen haben ihr eigenes bekommen. Und um dein Leben zu leben, musst du dir deiner selbst bewusst werden. Wer bist du also? Wie willst du deine Lebenszeit verbringen? Nur wenn du das weißt, kannst du dich von den anderen unterscheiden und erkennen, wo du aufhörst und sie anfangen. Solange du das nicht tust, werden andere von dir, deinem Leben und deiner Zeit Besitz ergreifen.

*Du darfst so viel ungestörte Zeit des Alleinseins für dich brauchen, wie du willst.**

Erlaube dir, deinem Bedürfnis nach Ruhe nachzugeben und Zeit mit dir selbst zu verbringen. Lasse das emotionale Getöse anderer Menschen hinter dir und lausche deiner eigenen inneren Stille. Erlaube auch anderen, sich ungestörte Zeit zu nehmen.

---

*   Impuls aus: Susanne Hühn: Ich bleib bei mir – Kraftvolle Impulse für den Ausstieg aus der Co-Abhängigkeit, Schirner Verlag 2019.

DIE GOLDENE ACHT

Behalte genügend Raum für dich

Die Übung in diesem Kapitel dient dir immer dann, wenn du dich im Kontakt mit anderen befindest und zwar energetisch mit ihnen verbunden sein, dich also nicht völlig abgrenzen willst, aber dennoch deinen eigenen Platz nicht verlassen möchtest.

Es gibt für jede natürliche Harmonie eine goldene Regel: den Goldenen Schnitt im Design und in der Kunst oder die Harmonielehre in der Musik. In der Mechanik gibt es die Newton'sche Energiegleichung und in der Ethik den Satz: »Behandle andere so, wie du von ihnen behandelt werden willst.« In der Natur und im Kosmos ist alles in einer perfekten Balance: nicht zu viel, nicht zu wenig, nicht zu nah, nicht zu weit weg.

Bei Menschen und im sozialen Miteinander gibt es eine bis auf den Zentimeter genau bestimmbare private Sphäre, die man sehr deutlich wahrnehmen kann. Oft lassen wir uns durch Gewohnheiten und anerzogene Pflichten darüber hinwegtäuschen, dass andere unsere Sphäre missachten, die Grenze überschreiten. Wenn wir es merken, dann denken wir, wir hätten keine Wahl. Aber wir können, ja, wir müssen uns sogar abgrenzen. Falls das in dem Moment körperlich nicht möglich ist, so gibt es energetisch eine Möglichkeit. Was immer heißt: Du kannst du selbst sein und der andere er selbst. Du musst dich nicht verändern oder verstellen, um deinem Gegenüber Genüge zu tun oder um dich ihm sogar anzupassen oder unterzuordnen. Beides würdest du nur aus Unsicherheit oder Angst tun. Du erreichst damit nichts Echtes von Wert oder Gültigkeit. Du wärst dann nicht du selbst, nicht in deiner Wahrheit, aber nur die gilt und zählt. Grenzt du dich ab, dann wirst du selbstbewusster, dir deiner selbst bewusst, und bestimmst damit automatisch auch die Grenzen für den anderen, dem du damit sogar einen Gefallen tust. Es kann nämlich gut sein, dass dein Gegenüber genauso wie du in Unsicherheit oder gar Angst feststeckt, aus der du ihn durch dein eigenes Selbstbewusstsein entlässt.

Wenn wir sehr auf das Wohl anderer bedacht sind und uns gut in sie einfühlen können, dann sieht die energetische Verbindung zwischen uns und anderen meist wie ein Kreis aus. Wir ziehen einen imaginären Kreis um uns und den anderen, der uns beide einschließt. Wenn wir gemeinsam in diesem Kreis stehen, dann haben wir einen Raum erschaffen, in dem wir zwar einen guten Kontakt zueinander aufbauen können, in dem die Gefahr der Verschmelzung aber sehr groß ist. Verschmelzung bedeutet in diesem Fall, dass du dich selbst nicht mehr so richtig spürst, dich zwar eins mit dem anderen fühlst und auf seine Wünsche und Bedürfnisse eingehen, aber den eigenen Platz, die eigenen Wünsche und Bedürfnisse nicht mehr klar wahrnehmen kannst.

Du darfst liebevoll Grenzen setzen.[*]

Erlaube dir, anderen Menschen voller Liebe deine Grenzen, die fließend und jeden Tag ein wenig anders sein können, zu zeigen. Erlaube dir, das freundlich und bestimmt zugleich zu tun. Und erlaube dir, Menschen, die deine Grenzen nicht respektieren, nach und nach hinter dir zu lassen.

Grenzenlos zu sein, dient niemandem, denn wir schließen so keine Kompromisse, sondern machen es lediglich dem anderen recht. Echte Kompromisse, echte Übereinkünfte, indem man sich gegenseitig für beide stimmige Zugeständnisse macht, können wir nur eingehen, wenn wir auch unseren eigenen Standpunkt miteinbeziehen. Und das können wir nicht, wenn wir uns selbst nicht spüren.

Außerdem ist der geschlossene Kreis eine energetische Falle: Der andere kann uns ungehindert Energie abziehen, sei es bewusst oder unbewusst. Auch für uns selbst ist es sehr verführerisch, uns vom anderen das zu nehmen, was wir zu brauchen glauben. Stehen wir mit dem anderen in einer allzu engen Verbindung, kann es passieren, dass wir ihm Energie rauben oder uns selbst aussaugen lassen – der energetische Kreis bietet sich dafür geradezu an.

Es braucht nur einen kleinen Dreh, und schon sind wir sicher und geschützt – die Zahl Acht:

---

[*] Impuls aus: Susanne Hühn: Ich bleib bei mir – Kraftvolle Impulse für den Ausstieg aus der Co-Abhängigkeit, Schirner Verlag 2019.

DIE GOLDENE ACHT
(Teil 1)

Schließe die Augen, und stelle dir einen schwierigen Gesprächspartner vor oder, wenn dir das leichter erscheint, zunächst eine vertraute Person. Ihr steht einander gegenüber. Nimm in Gedanken einen goldenen Stift in die Hand, und ziehe eine Acht um euch beide, sodass jeder seinen eigenen Platz hat und der Kreuzungspunkt zwischen euch liegt. Spüre nun ganz genau, wie sich das anfühlt.

Wenn du magst, dann nimm die Acht wieder weg, und male in deiner Vorstellung einen geschlossenen Kreis um euch beide herum. Wie fühlt sich das an? Es kann sein, dass dir das etwas verschwommene Gefühl der Verbundenheit viel vertrauter vorkommt als jenes, das die goldene Acht in dir hervorruft. Überprüfe auch, ob du dich noch gut spürst, ob du noch Nein sagen kannst, wenn du das wolltest, und ob du deine eigene Meinung noch kennst.

Dann nimm den Kreis wieder weg, und zeichne noch einmal die Acht. Wie fühlt es sich nun an? Nimmst du dich besser wahr? Weißt du, was du willst, was du denkst und fühlst? Kannst du dich klar ausdrücken?

Übe die Acht mit verschiedenen Personen, zunächst geistig, dann auch im Gespräch, beim Telefonieren. Übe, damit du immer dann, wenn die Acht nötig ist, auch daran denkst.

Diese Technik dient dir dazu, Kontakt aufzunehmen und dennoch bei dir zu bleiben. Es ist verblüffend, wie unterschiedlich sich die Verbindung anfühlt, wenn du dich einmal mit jemandem bewusst in einen Kreis und danach in eine Acht stellst, in der jeder seinen eigenen Kreis hat, ihr aber dennoch miteinander verbunden seid. Innerhalb der Acht ist es nicht mehr möglich, dem anderen Energie abzuziehen oder selbst welche abgezogen zu bekommen. Selbstverständlich könnt ihr euch gegenseitig so viel Energie, Aufmerksamkeit, Liebe, Kraft oder Verständnis schenken, wie ihr wollt, aber der entscheidende Punkt ist: Du entscheidest, du hast nun die Wahl.

Du kannst nichts geben, was du nicht hast.

Schenke dir zuerst einmal selbst Aufmerksamkeit, um zu verstehen, was du brauchst. Gib nur weiter, was für andere übrig bleibt, wenn du selbst gut versorgt bist. Gestehe dir ein, dass auch du Liebe, Kraft und Verständnis brauchst. Sorge zuerst für dich, gib zu, wenn du Hilfe benötigst. Auch weißt du dann, ob du einem anderen wirklich etwas aus freien Stücken gibst oder ob du gibst, weil du darauf spekulierst, dass er dir etwas dafür zurückgibt. Diese Rechnung könnte für dich aufgehen, würde dich aber an den anderen binden. Ob in diesem Fall dein Bedarf an Zuneigung und Liebe gedeckt wird, hängt davon ab, ob der andere dir so viel davon zurückgeben kann, wie du brauchst, nämlich mindestens so viel, wie du ihm gegeben hast. Da das selten geschieht, gibst du dich wahrscheinlich oft mit weniger zufrieden und landest dadurch energetisch im Minus. Dadurch hast du für dich selbst erst recht keine Kraft übrig.

Energetisch gesehen ist Ehrlichkeit das Wichtigste. Sie beschreibt das, was ist, anstatt das, was du gern wärst, oder das, was andere gern hätten, das du bist. Ehrlichkeit meint, offen und ehrlich zu dir selbst zu sein, zu wissen, wer du bist und was du willst. Wenn du das nicht weißt oder dir unsicher bist, dann sei ehrlich. Sei unsicher, und gib dir selbst gegenüber zu, dass du nicht genau weißt, wer du bist und was du willst. Das ist ein sehr guter Anfang. Doch dann solltest du dich umso mehr abgrenzen, dich beschützen, behutsam mit dir umgehen und auf Abstand gehen, und zwar so weit, wie du musst, um bei dir zu bleiben. Erlaube dir, dir den Raum zu geben, den du brauchst. Fordere ihn ein, wenn andere deine Grenzen nicht respektieren oder dir deinen Raum nicht zugestehen wollen. Denke immer daran: Dein Leben gehört dir, und du hast so viel Anrecht auf Raum und Zeit wie jeder andere auch.

DIE GOLDENE ACHT
(Teil 2)

Wie aber gehen wir mit Menschen oder Situationen um, mit denen wir nicht einmal in der Acht stehen wollen, aber dennoch Kontakt halten müssen, vor denen wir geradezu Angst haben oder die uns wirklich zutiefst unangenehm sind?

In diesem Falle probiere es einmal aus, die Acht, die euch verbindet, schwarz werden zu lassen. Das kann helfen.

Traust du es dir zu, dann bitte die Acht selbst, in der Farbe zu erscheinen, die dich am besten schützt. Die Geistige Welt kennt dich und dein Energiesystem und weiß am besten, welche Farbschwingung du brauchst, um bei dir bleiben zu können.

Gleichzeitig müssen wir ein bisschen tiefer in die emotionale Werkzeugkiste greifen und uns dem verletzlichsten Teil unseres Selbst zuwenden.

EMOTIONALE SICHERHEIT FÜR DAS INNERE KIND

Schütze deinen verletzlichsten Anteil

Dein Inneres Kind ist nicht nur ein Stellvertreter deiner Sehnsüchte und Wünsche, die du als Kind hattest. Es bezeichnet einen deiner Wesensanteile, der bereits im frühen Lebensalter intuitiv und instinktiv darüber Bescheid wusste, was gut für dich ist und was nicht. Bei vielen von uns hat sich das Leben weit von dem, was uns guttut, wegentwickelt, sodass wir diese innere Stimme entweder gar nicht mehr wahrnehmen oder geübt haben, sie zu verleugnen, weil wir sie nicht mehr aushalten konnten.

Vielleicht gehörst du zu den Menschen, die nie gelernt haben, angemessen auf ihr Inneres Kind zu hören und entsprechend zu reagieren. Aber ohne dein Inneres Kind gibt es kein Du, keine Liebe, keine Gefühle. Es ist dein intimster und innerster Wesenskern, von dem alles ausgeht, was für dein Leben wichtig ist, und das alles fühlt und wahrnimmt, was darin geschieht.

Wenn du dir deines Inneren Kindes nicht bewusst bist oder es gar meidest, bestrafst, ängstigst oder verletzt, bezahlst du den Preis eines unglücklichen Lebens. Denn dein Inneres Kind, so verletzlich und klein es auch ist, bestimmt deine Gefühle, deine Ängste, deine Kämpfe und dein Leiden. Wenn es nicht mehr kann, dann kannst du nicht mehr, wenn es weint, dann fühlst du seine Traurigkeit. Aber wenn es sich freut, darauf vertrauen kann, dass du es beschützt, für es da bist, es wahrnimmst und ihm zuhörst, dann ist es glücklich und zufrieden – und du bist es auch. Dann kannst du schwierige Situationen meistern, ohne an ihnen zu zerbrechen, du kannst verantwortlich und erwachsen statt emotional und kindlich reagieren. Damit du deinem Inneren Kind vertrauen kannst, muss es auch dir vertrauen können. Es muss wissen, dass du es wahr- und wichtig nimmst.

Über das Innere Kind gibt es eine Menge Bücher. Hier möchten wir dir ohne ausführliche Hintergrundinformationen einen raschen, effektiven Schutz anbieten, wenn du dich hilflos, überfordert und sehr unwillig fühlst. Immer dann, wenn eine Situation uns emotional in Schwierigkeiten bringt oder uns über die Maßen unangenehm ist, kann es sein, dass unser Inneres Kind um Hilfe ruft. Selbst wenn du noch nie Kontakt zu ihm hattest, möchtest du vielleicht folgende Übung ausprobieren.

DER SICHERE ORT DEINES INNEREN KINDES

Schließe die Augen, und stelle dir eine heilsame Landschaft vor. Hülle dich in Licht, oder wende deine bevorzugte Entspannungstechnik an. Wenn du noch keine solche Technik hast, hilft es dir sicher, dir vorzustellen, wie du an deinem Lieblingsort spazieren gehst.

Auf einmal nimmst du ein Kind wahr. Schaue, wie es sich fühlt und ob es ihm gut geht. Gehe achtsam zu ihm hin, frage es, was es braucht, und sage ihm, dass du nun für es da bist.

Wie reagiert es? Vertraut es dir oder nicht? Rede mit ihm, wie du es mit einem geliebten Menschen oder einem geliebten Tier tun würdest. Sei nachsichtig und liebevoll. Es ist nicht die Aufgabe des Inneren Kindes, es dir recht zu machen, sondern du musst für seine Sicherheit sorgen, damit es stabil und glücklich ist. Sage ihm, dass es einen sicheren Ort gibt, an dem es spielen kann und nie mehr allein ist, sondern geliebt wird, geborgen und geschützt ist. Und dann frage es, ob es mit dir mitgehen möchte.

Nun führe es in ein wunderschönes Spielzimmer, auf einen Spielplatz, in einen Garten oder einen Märchenpark – an einen Ort, an dem es sicher ist, alles bekommt, was es braucht, und sich nicht mehr um die Angelegenheiten der Erwachsenen zu kümmern braucht. An diesem Ort gibt es ein wundervolles, beschützendes Wesen: den Hüter des Inneren Kindes. Er kommt auf dich zu und sagt dir: »Ich bin immer für dein Inneres Kind da, du musst dich nicht allein um es kümmern. Ich hüte es für dich, das ist meine Aufgabe.« Du siehst, wie dein Inneres Kind glücklich zu seinem Hüter läuft und sich in seine Arme kuschelt.

Es entspannt sich und lächelt. Jetzt kannst du es getrost bei ihm lassen und dich um deine Erwachsenenangelegenheiten kümmern.

Immer dann, wenn du unsicher bist, dich irgendwie hilflos oder überfordert fühlst, schaue von nun an nach, wo sich dein Inneres Kind befindet, und bringe es an den sicheren Ort zu seinem Hüter.[*]

---

[*]   Ausführlich findest du diese Übung in dem Grundlagenwerk zum Inneren Kind »Die Heilung des Inneren Kindes – Sieben Schritte zur Befreiung des Selbst«, Schirner Verlag 2017, und im Arbeitsbuch »Mein Inneres Kind – annehmen, lieben, wertschätzen«, Schirner Verlag 2017, und auf den dazugehörigen CDs.

Wir haben in einigen Lebensbereichen womöglich noch nicht erkannt, dass wir nun erwachsen sind und nicht mehr wie ein Kind zu reagieren brauchen. Gerade wenn wir als Kind oft stärker und vernünftiger sein mussten, als wir uns fühlten, wenn wir also gelernt haben, unser eigenes Sicherheitsbedürfnis zu unterdrücken, glaubt das Innere Kind, es müsse in schwierigen Angelegenheiten aus eigener Kraft heraus handeln. Aber das muss es nicht, denn nun sind wir, die Erwachsenen, da. Wir können unsere eigene Mutter oder unser eigener Vater sein. Immer dann, wenn wir viel emotionaler reagieren, als wir es selbst für angemessen halten, immer dann, wenn wir eine vage Angst, Magenschmerzen oder einfach eine unbestimmte heftige Abneigung spüren, kann es sein, dass sich unser Inneres Kind fürchtet. Das darf es auch, denn es braucht nicht mit unfreundlichen Vermietern, garstigen Chefs, verletzenden Liebhabern und unangenehmen Briefen vom Finanzamt klarzukommen.

Das Innere Kind braucht Liebe, Schutz, Geborgenheit und Wärme.

Es ist nicht in der Lage, Verantwortung für sich, Finanzielles, Tiere, das Gelingen eines Auftrages oder für andere Menschen zu tragen, und es braucht das auch nicht zu lernen. Wir können es schützen, ihm einen guten, sicheren Platz in unserem Herzen geben. Wie wir unsere Kinder manchmal aus dem Raum schicken müssen, so schicken wir auch unser Inneres Kind zum Spielen, wenn die Situation zu schwierig wird. Wir, die Erwachsenen, sind in der Lage, angemessen zu reagieren. Wir haben keine oder nur wenig Angst, vor Publikum zu sprechen, uns zu zeigen, eine Idee vorzutragen oder uns gegen etwas oder jemanden zur Wehr zu setzen, zumindest nicht in dem Maße wie das Innere Kind. Wir werden sehr viel stabiler und handlungsfähiger, wenn wir aufmerksam überprüfen, ob unser Inneres Kind glaubt, es müsse die Situation meistern. Falls das passiert – einfach, weil es das von klein auf gewohnt ist –, schicken wir es wieder zum Spielen. Es ist viel zu verletzlich, zu zart und zu unschuldig, um mit den Situationen klarzukommen, die uns das Leben immer wieder zumutet – und das darf und soll es auch sein.

Das Innere Kind darf nicht angetastet werden. Es darf keine Verantwortung für andere tragen müssen. Wenn wir Verantwortung tragen wollen, sei es beruflich oder privat, sei es für uns selbst oder für die, die uns anvertraut sind, brauchen wir einen sicheren Ort speziell für das Innere Kind. Richte ihm also in deinem Inneren ein Spielzimmer ein, einen Abenteuerspielplatz, genau den Raum, den du selbst als Kind gern gehabt hättest. Das mag dir wie eine Gedankenspielerei vorkommen, eine bloße Vorstellung. Wenn du diese Übung aber tatsächlich einmal durchführst, wirst du merken, dass du den verletzlichsten Teil deines Selbst nun in Sicherheit gebracht hast und viel gelassener reagieren kannst.

Als Erwachsene sind wir oft deshalb überfordert und emotional gewissen Situationen nicht gewachsen, können uns selbst, unsere Grenzen, unsere Belastungs- und Leistungsfähigkeit nicht richtig einschätzen, weil wir innerlich nicht mit dem Körper mitgewachsen sind. Etwas Wichtiges in uns ist nicht nur Kind geblieben, es übernimmt auch entscheidende Aufgaben, und das nicht selten in den ungünstigsten Momenten. Es trägt Verantwortung, wo es das nicht soll, und lähmt uns, indem es sich weigert, querstellt oder einfach einmal einen Wutanfall bekommt. Dein Inneres Kind, das wahrscheinlich sehr früh im Leben nicht mehr Kind sein durfte, fordert immer wieder genau diesen geschützten Raum ein, den ihm Erwachsene schulden. Damals hätten deine Eltern dich Kind sein lassen, dir Schutz und Wärme geben, dich mit allem, was du brauchtest, versorgen sollen. Heute bist du der Erwachsene und schuldest deinem Inneren Kind Sicherheit.

Für dieses Kind ergibt es keinen Unterschied, welcher Erwachsene sich um seine Bedürfnisse nach Schutz, Liebe und Anerkennung kümmert. Wichtig ist, dass es jemand tut. Denn ein Kind bleibt ein Kind, und damit bleibt es immer bedürftig. Das musst du erkennen, und du musst darauf reagieren, willst du als Erwachsener bestehen können. Dein Inneres Kind wird so lange keine Ruhe geben, bis sein Bedarf gedeckt ist. Dich um es zu kümmern, stärkt maßgeblich deine innere Gesundheit, die ganzheitlich zu verstehen ist. Wenn du einen wichtigen Teil von dir vernachlässigst, wird sich das immer bemerkbar machen. Die Bedürfnisse des Inneren Kindes lassen sich nicht ignorieren oder verhandeln, auf später vertagen oder hintanstellen. Es wird sich nur umso lauter bemerkbar machen und dafür sorgen, dass du dich ihm zuwendest – auch oder gerade dann, wenn du meinst, keine Zeit dafür zu haben. Du bist an einem Punkt, an dem du dir das nicht mehr leisten kannst, wenn du mit dir selbst in Kontakt kommen möchtest.

Die vorangehende Übung nutzt dir allerdings nicht viel, wenn du dich in Situationen befindest, die dir nicht guttun und denen du dich deshalb entziehen solltest. Dein Inneres Kind zum Spielen zu schicken, hilft nur, wenn die Angelegenheit, um die es geht, dir auch zuträglich ist. Wenn das Innere Kind zwar Angst hat, dich aber nicht warnen will. Ist eine Situation nicht gesund, schadet sie dir oder entspricht einfach nicht deinen Herzenswünschen, missbrauchst du dich also selbst oder handelst aus Angst, dann wird sich das Innere Kind auf Dauer nicht beschützen lassen. Dieses Kind ist ein hoch empfindsamer, sehr verletzlicher und ungeheuer lebendiger, authentischer Teil von dir, der unbestechlich spürt, ob du in deiner Kraft stehst oder nicht – und dich warnt, wenn du deinen eigenen Platz verlässt.

Nutze diese Übung also immer dann, wenn dich deine Kraft zu verlassen droht, aber höre dennoch auf dein Innerstes.

*Wenn eine Situation so bedrohlich ist,
dass du dein Inneres Kind ständig schützen musst,
dann ist sie auf Dauer nicht gesund.*

Natürlich gilt das nicht, wenn die Situation für das Innere Kind einfach nur zu aufregend ist, zum Beispiel, wenn du beruflich immer wieder im Rampenlicht stehst oder ein Date hast. Bringe es aber auch dann nach innen zum Spielen. Nicht weil es verletzt werden könnte, sondern weil es aus lauter kindlicher Angst vor dem Versagen womöglich mehr Schaden anrichten als Nutzen bringen würde. Zuschauen darf es natürlich.

Niemand außer dir hat Zugriff auf dein Inneres Kind. Wenn es sich also in eine Situation einmischt und versucht, sie nach bestem Wissen und Können zu meistern, dann hat sich normalerweise der innere Erwachsene aus dem Staub gemacht und dem Kind das Steuer in die Hand gedrückt. Abgesehen von Sucht- und Rauschzuständen kann das nur geschehen, wenn sich der Erwachsene notorisch ums Erwachsenwerden drückt.

Erwachsen wirst du erst dann, wenn du verstanden hast,
dass du ein Inneres Kind hast, um das du dich kümmern musst,
und das dann auch tust.

Das Kind zieht sich von ganz allein in sein Spielzimmer zurück, wenn sich der Erwachsene um es und um sich selbst kümmert. Dann weiß es sich in Sicherheit und kann sich entspannen. Genauso kann sich der Erwachsene in dir in der Situation entspannen, weil du das Kind in Sicherheit weißt. Du kannst verantwortlich und weise als Erwachsener handeln, wenn du dem Kind nicht erlaubst, zu versuchen, die Situation zu meistern.

Ganz besonders hilfreich kann es sein, jemand anderen um Schutz für dein Inneres Kind zu bitten. Finde eine Puppe, ein Stofftier oder ein Bild, das für dein Inneres Kind steht. Musst du nun eine wirklich schwierige Situation durchstehen, dann gib dieses Symbol in die Obhut eines Menschen, dem du wirklich vertraust und der versteht, worum es geht. Weil das Kind bei ihm in Sicherheit ist, kannst du freier agieren. Probiere es aus. Es klingt seltsam, wenn man es liest, aber es funktioniert. Natürlich nimmst du dein Inneres Kind wieder zu dir, wenn die Gefahr vorbei ist, egal, wie kuschelig es beim anderen war – verantwortlich bist du selbst, sonst wirst du auf der Stelle abhängig vom anderen.

Wenn jemand gemein zu dir ist, dann darfst du weinen,
*und du brauchst nicht mehr zu der Person zu gehen.**

Beschütze das unschuldige, vertrauensvolle Kind in deinem Inneren. Es ist eines deiner wichtigsten Kräfte.

---

* Impuls aus: Susanne Hühn: Die Heilung des Inneren Kindes - Sich im Herzen berühren lassen, Schirner Verlag 2009.

IN DER EIGENEN KRAFT STEHEN

Bleibe auf deinem Platz

Kennst du das Gefühl, irgendwie neben dir zu stehen? Wenn du dieses Gefühl hast, dann trügt es dich meist nicht. Dann hast du vermutlich deinen eigenen Platz verlassen, den Platz, an dem du deine Wahrheit genau spürst, nämlich das, was du willst und was du nicht willst. Oft passiert das in Situationen, in denen deine eigene Wahrheit nicht gefragt ist, sondern in denen du versuchst, es anderen recht zu machen, und dich deshalb hilflos fühlst. Du kannst dir sicher vorstellen, dass du, wenn du deinen Platz verlassen hast, ziemlich haltlos wirkst und erst recht nicht mehr spüren kannst, was du eigentlich zu dieser Situation beitragen kannst, wo dein Einfluss ist, wo deine Handlungsmöglichkeiten geblieben sind.

Wie aber schaffst du es, in deiner eigenen Kraft zu stehen, und was heißt das überhaupt?

Der eigene Platz ist der, an dem du sein darfst, wer und was du bist.

Es ist der Platz, an dem du so, wie du bist, gewollt und gebraucht wirst. Er ist dort, wo das, was du mitbringst, deine Talente und deine Fähigkeiten, eine echte Bereicherung für andere ist. Wenn du auf deinem Platz stehst, dann musst du dich nicht verbiegen, um dazuzugehören. »Wer kann sich diesen Luxus schon leisten, wirklich er selbst zu sein?«, fragst du dich, und natürlich hast du recht.

Die meisten Menschen haben verschiedene Funktionen: im Familiensystem, auf der Arbeit, in ihren Beziehungen. Dort dürfen sie nicht sein, was sie sind, sondern sind, was sie sein sollen. Sie füllen die leeren Plätze aus, übernehmen Verantwortungen anderer, stellen sich für die emotionalen Bedürfnisse anderer zur Verfügung, auch wenn ihnen nicht danach ist. Sie gleichen aus, was fehlt. Und weil sie nie erlebt haben, wie es ist, auf dem einzig richtigen Platz zu stehen, nämlich auf dem eigenen, führen sie diese Stellvertreterfunktion fort.

Erkennst du dich hierin wieder? Glaubst du, dass es in deinem Leben einfach nicht um dich geht? Das nimmt dir ungeheuer viel Kraft, und es stimmt auch nicht. Die Wahrheit ist:

Deine Lebensenergie steht dir nur auf deinem eigenen Platz zur Verfügung.

Wenn du für andere funktionierst, kannst du deine Lebensenergie nicht nutzen. Das Gute ist: Du kannst das ändern. Das Schwierige ist: Nur du kannst es ändern.

Es geht immer wieder darum, dass du dir bewusst machst, dass du ein Recht auf deinen Platz hast. Nur dann beanspruchst du auch Raum und Zeit für dich. Viele von uns denken, sie schulden anderen etwas, es sei egoistisch, an sich selbst zu denken, und verwehren sich selbst Nahrung, Zeit, Ruhe oder Erholung. Es ist nicht unsere Schuld, wir wurden so erzogen. Die, die uns erzogen haben, wussten es damals nicht besser. Aber wir tun es heute. Wir können und müssen etwas

ändern, etwas, viel, vielleicht alles anders machen, damit sich unser Leben zum Positiven verändern kann – und damit auch die Welt, in der wir leben. Wenn jeder sich selbst liebevoll und achtsam behandeln, seine Grenzen kennen und achten würde, sich mit sich selbst beschäftigen würde anstatt mit den Problemen anderer, dann hätte die Welt viel gewonnen. Es gäbe weniger Probleme, Kämpfe, Streitigkeiten, Missverständnisse und Leid. Der Mensch ist so geschaffen, dass er sich selbst kennen und versorgen kann.

Wenn du dich vernachlässigst, sei es zugunsten deiner Kinder, deines Jobs, deines Partners oder deiner Familie, dann bedarf es früher oder später eines anderen, der sich um dich kümmert. Dieser hat dann wiederum weniger Zeit und Energie, um sich um sich selbst zu kümmern. Diesen Teufelskreis der vermeintlichen Abhängigkeiten gilt es, zu durchbrechen. Wenn du keine Grenzen für dich setzt, dich zum Beispiel nicht weigerst, ständig Überstunden zu machen, weil du Angst hast, deinen Job und damit deine Existenzgrundlage zu verlieren, dann entsteht genau dieser endlose Kreislauf von Abhängigkeit und Selbstaufopferung, der viel Leid, Krankheit und versäumtes Leben generiert. Das musst du erkennen, willst du dein Leben selbst in die Hand nehmen. Die anderen müssen das nicht verstehen, einsehen oder gutheißen, aber du schon, wenn du dein Leben leben und nicht nur für andere funktionieren willst.

Es wird Zeit, ganz rasch und leicht auf deinen Platz zurückzukehren. Dort bist du schon allein deshalb geschützt, weil du selbst, wenn du in deinem Leben anwesend bist, einen starken Kraftstrom bildest. Wenn du in diesem Kraftstrom stehst und auf dem Platz in deinem Leben präsent bist, lässt dein Kraftstrom weder Fremdeinwirkungen noch Fremdbestimmungen zu. Stelle dir diesen Kraftstrom wie einen lichtvollen Seelenstrahl vor, der aus deiner Seele auf die Erde fällt. Versuche, dir diesen Lichtstahl vorzustellen, nimm ihn deutlich wahr, bis er sich vertraut anfühlt.

NIMM DEINEN PLATZ EIN

Begib dich für ein paar Minuten an einen ungestörten Ort. Schließe die Augen, und stelle dir vor, es gäbe einen stabilen goldenen oder silbrigen Lichtstrahl, der aus deinem allerhöchsten Bewusstsein sternengleich auf die Erde fällt. Er funkelt und glänzt, ist sehr klar und rein.

Jetzt bildet er einen Lichtkreis auf der Erde. Es kann sein, dass sich seine Farbe ändert, wenn der Strahl auf die Erde trifft. Natürlich kann er auch aus vielen verschiedenen Farben bestehen. Bestehe nicht darauf, dass es deine Lieblingsfarben sind. Die Farben sind genau richtig, auch wenn du sie auf der Erde nicht unbedingt magst.

Nun tritt in diesen Lichtstrahl ein. Vielleicht musst du dafür einen kleinen Schritt zur Seite oder nach vorn machen. Gehe diesen Schritt tatsächlich, nicht nur in Gedanken. Dieser kleine Schritt ist wichtig, weil er dem Körper das Gefühl gibt, tatsächlich den Platz zu wechseln.

Erlaube dir jetzt, zu fühlen, wie dieses Licht, dein eigener Seelenstrom, in den Körper fließt und dich stärker werden lässt. Möglicherweise fühlt sich das zunächst fremd an, vielleicht sogar unangenehm. Gib dem Ganzen Raum, und bleibe einfach dort stehen. Erlaube, dass jetzt alles aus dir herausfließt, was in Wahrheit nicht du bist, damit Platz in dir entsteht für deine eigene Kraft.

Wann immer du das Gefühl hast, du stehst neben dir, nutze diese Übung, auch mitten im Alltag. Es merkt niemand, du kannst diesen kleinen Schritt in deine Kraft sogar an der Kasse oder im Büro machen.

Du schaust einfach, wo der Lichtstrahl hinfällt, und stellst dich mitten hinein, damit er dich durchströmen und ausfüllen kann. Augenblicklich durchfließen dich nun Klarheit und Präsenz, spürst du das? Wenn du in diesem Lichtstrahl stehst, kannst du gut Ja oder Nein sagen. Du bist unantastbar, weil du mit dir selbst verbunden bist.

Überprüfe immer wieder im Laufe eines Tages, ob du in dir selbst stehst oder nicht. Falls nicht, dann mache diesen kleinen Schritt, den du in der Übung kennengelernt hast. Kehre stets auf deinen Platz zurück. Es kann immer wieder passieren, dass Ereignisse des täglichen Lebens dich dazu verführen, diesen Platz zu verlassen. Gib dir die Erlaubnis, mithilfe dieser Übung wieder in dein Leben einzutreten, damit du dich selbst spürst. Von hier aus kannst du angemessen reagieren. Du weißt, was du willst und wer du bist.

Weil du weißt, dass du einzigartig bist, weißt du auch, dass du allein für dein Leben verantwortlich bist.[*]

Und weil du das weißt, fällt es dir leicht, ganz selbstverständlich das zu tun, was du tun willst, zu sagen, was du zu sagen hast, und zu schweigen, wenn du nichts beitragen kannst oder willst.

Es entspricht den geistigen Gesetzen der Selbstbestimmung, dass du dich vor Fremdeinflüssen schützt. Diese Gesetze werden in deinem Leben spürbar wirksam, wenn du dich bewusst in ihre Obhut begibst.

---

[*] Impuls aus: Susanne Hühn: Du bist einzigartig!, Schirner Verlag 2012.

Wenn du sternenklar in deinem Seelenstrahl stehst, kannst du weder dich selbst noch andere ausbeuten und manipulieren. »Andere ausbeuten«, sagst du, »das mache ich ganz sicher nicht. Geht's noch?« Natürlich machst du das nicht, zumindest nicht bewusst. Doch kann es nicht sein, dass sich auch in dir unterschwellige, gewohnheitsmäßige und unbewusste Mechanismen gebildet haben, mit denen du anderen, ohne es zu wollen, Energie raubst? Denn das passiert einfach, wenn wir nicht auf unserem eigenen Platz stehen. Irgendwo muss unsere Kraft ja herkommen. Wenn wir nicht aus unserer eigenen Lebenskraft heraus gespeist werden, dann ziehen wir diese Kraft aus unserer Umgebung ab. Das möchten wir nicht hören, und es gefällt uns nicht. Also wird es Zeit, das zu erkennen und damit aufzuhören.

DIE EIGENEN ABSICHTEN

Schütze dein Energiefeld

Deine wahren Absichten sind nicht das, was du bewusst willst, sondern das, was du unbewusst zu brauchen glaubst. Sie sind es, die in der Tiefe wirken. Wenn du zum Beispiel nicht weißt, was dich spirituell und emotional nährt, dann ist deine unbewusste Absicht möglicherweise, diese Nahrung von anderen zu erhalten – und dafür sorgst du, egal wie. Deine, wie wir es erleben, wichtigste Absicht ist, deiner Seele, deiner Menschlichkeit und deiner Göttlichkeit auf der Erde Ausdruck zu verleihen, und zwar in dem Maße, wie du es vermagst, und auf die Weise, die für dich gedacht ist.

Was bedeutet das? Jeder hat eine ganz eigene Art, auf der Erde er selbst zu sein, die nicht zur Verhandlung steht. Das, was du bist, bist du, ob es anderen gefällt oder nicht. Es spielt noch nicht einmal eine Rolle, ob du dir immer selbst gefällst. Verlasse dich darauf, dass das Leben dich immer wieder zu dir selbst führt.

Habe keine Angst vor Fehlern. Stelle dir vor, dein Leben ist wie eine Straße. Sie geht geradeaus, einen Hügel hoch, danach wieder etwas bergab, mit Kurven nach links und rechts. Sie ist dem Terrain angepasst. Du selbst bist der Fahrer deines Fahrzeugs, das diese Lebensstraße entlangfährt. Das Fahrzeug ist der jeweilige Lebensbereich: deine Arbeit, deine Beziehung, deine Gesundheit. An besonders gefährlichen Stellen der Straße sind zu deiner Sicherheit Leitplanken angebracht, die dich, wenn du zu schnell in die Kurve fährst oder am Steuer eingeschlafen bist, wieder auf die Fahrbahn, deinen eigentlichen Weg, zurückstoßen. Manchmal geschieht das sanft, manchmal abrupt und härter, je nachdem, wie steil die Straße und wie hoch deine

Geschwindigkeit ist. Das sind deine vermeintlichen Krisen. Sie sorgen dafür, dass du nicht von deinem Weg abkommst.

Jeder von uns stößt hin und wieder gegen eine Leitplanke, auch wenn wir noch so vorsichtig sind. Die meisten von uns krachen mit voller Wucht dagegen, manchmal mit Totalschaden am Gefährt. Ob das Vehikel nun eine Beziehung, die Karriere oder die eigene Gesundheit ist, ist nicht wichtig. Was zählt, ist, ob du erkennst, dass es darum geht, die Richtung zu ändern. Auch die Art der Fortbewegung, das Vehikel, das dich zu diesem Punkt gebracht hat, hat genau dazu gedient. Oft hat es ab diesem Moment ausgedient. Loslassen, etwas oder jemanden hinter sich lassen, kann hier sehr wichtig und heilend sein. Das Leben dient nur einem Zweck: Du sollst es leben. Nur dann ergibt es Sinn. Deshalb vertraue ihm.

Auch wenn du deine unbewussten Absichten nicht kennst, so bestimmen sie dennoch deine Ausstrahlung, und je weniger du sie wahrhaben willst, desto mehr öffnest du den Manipulationen anderer, aber auch deinen eigenen Tür und Tor.

Wenn du als Kind nicht sein durftest, was du bist – und wer durfte das schon –, dann entsteht ein Konstrukt, das sogenannte angepasste Ich. Dieses angepasste Ich bediente die Bedürfnisse derer, die dich als Kind versorgt haben. Und das tut es heute noch.

Du hast dir im jetzigen Leben Stellvertreter für die Menschen gesucht, die damals deine Bedürfnisse nicht erfüllt haben, Menschen, denen du es auch heute noch recht machen oder gegen die du kämpfen kannst, gerade so, wie du es als Kind gelernt hast. Gleichzeitig hast du deine wahren Bedürfnisse unbewusst fein säuberlich von dir abgespalten, weil es als Kind nicht zum Aushalten war, wenn sie nicht erfüllt wurden.

Was sind das für Bedürfnisse? Es sind die nach Liebe, nach Fürsorge, nach Zärtlichkeit, nach Umsorgtsein, die Bedürfnisse, gesehen zu werden und in dem unterstützt zu werden, was man lernen will, statt nur in dem, was man lernen soll. Wurden wir als Kind nicht wahrgenommen, sollten wir anders sein, als wir waren, anders fühlen, anders handeln, anderes wollen, anderes mögen, dann entstand wie ein Hologramm genau das Kind, das wir nach Meinung anderer sein sollten. Und dieses erfundene, innerlich konstruierte Kind übernahm unser Leben.

Das echte Kind, das wir waren und immer noch in uns tragen, wirkt allerdings im Hintergrund unseres Bewusstseins. Seine Gefühle und Bedürfnisse sind ja nicht weg. Wie wir dieses Innere Kind schützen, darüber haben wir bereits gesprochen. Jetzt dürfen wir verstehen, dass unsere unbewussten Absichten meistens aus dem nicht gesehenen, bedürftigen Inneren Kind kommen, auch wenn sie sich ganz und gar nicht kindlich anfühlen mögen.

Deine unerfüllten Bedürfnisse werfen ihre Schatten voraus. Führe dir einen Scherenschnitt vor Augen, der angeleuchtet wird. Das schwarze Papier gibt die Form der unerfüllten und von dir selbst ungesehenen Bedürfnisse vor. Und jetzt stelle dir vor, dir ist nicht bewusst, dass diese Bedürfnisse wie der Schatten deines Scherenschnitts im Licht sichtbar sind. Doch so ist es. Die Menschen in deiner Umgebung sehen und spüren deine Bedürfnisse. Sie sehen den Schatten, nicht das Licht, das du in Wahrheit bist. Diese unerfüllten Bedürfnisse bestimmen deine unbewussten Absichten. Du willst vielleicht einfach freundlich und nett sein, doch in Wahrheit bettelt dein Inneres Kind um Liebe. Oder du denkst, du willst deine Arbeit gut machen, doch in Wahrheit hat dein Inneres Kind Angst, nicht gut genug zu sein, und sehnt sich nach Anerkennung. Die Erfüllung deiner Sehnsucht nach Anerkennung ist in diesem Fall deine wahre Absicht, nicht die, deine Arbeit gut zu machen. Und genau das spürt deine Umgebung. Verstehst du das?

Ein Beispiel: Du bist eine erfolgreiche Mitarbeiterin und hast einen guten Job gemacht. Du stehst im Businesskostüm vor deinem Chef und besprichst mit ihm das Ergebnis deiner Arbeit – sachlich, kompetent, nicht emotional. Doch dein Inneres Kind steht im Kleidchen neben dir und streckt seine Ärmchen nach dem Chef aus, will gelobt und auf den Arm genommen werden – vom Chef, wohlgemerkt. Denn du selbst siehst es ja gar nicht.

Die Große wird gelobt, indem sie mit einem neuen Auftrag betraut wird. Für sie ist alles gut. Sie will einfach weiterarbeiten. Doch die Kleine steht da und geht leer aus. Sie ist es allerdings, die dein Erleben maßgeblich bestimmt. Du wirst enttäuscht sein und deinem Mann erzählen, dass du nicht anerkannt wirst, sondern nur noch mehr Arbeit aufgehalst bekommen hast. Obwohl die Große sehr genau weiß, dass »mehr Arbeit« bei diesem Chef »viel Vertrauen« bedeutet.

Auch dein Chef wird sich unwohl fühlen, ohne zu wissen, warum. Er kann dir nicht ganz trauen, er fühlt sich in deiner Nähe nicht wirklich sicher. Das macht alles nichts. Doch es schafft ungute Gefühle bei allen Beteiligten. Dein Inneres Kind steht immer noch da, streckt die Ärmchen aus und sucht weiter nach jemandem, der es endlich auf den Arm nimmt. Noch einmal: Bitte sei du die Person, die das tut.

Ein anderes Beispiel: Du bist sehr nett und freundlich zu den Menschen in deiner Umgebung, lächelst oft und hast für andere immer ein offenes Ohr. Doch du bist nicht deshalb freundlich, weil du glücklich bist und einfach deine Lebensfreude teilen willst. In diesem Fall wäre dir die Reaktion der Menschen auf dich relativ egal, denn du würdest deine Freude teilen, und die anderen könnten von dir aus damit machen, was sie wollen. In Wahrheit möchtest du aber für deine Freundlichkeit etwas zurückhaben, dein Inneres Kind will gemocht werden, und es wird sehr enttäuscht, wenn die Menschen nicht ebenfalls freundlich und hilfreich auf dich zugehen oder auf dich reagieren. »Ich bin zu gut für diese Welt«, denkst du insgeheim, und du haderst. Dabei will dein Inneres Kind einfach nur gesehen werden, und zwar von dir.

Denke einmal darüber nach, wie früh im Leben du gelernt hast, die Bedürfnisse anderer zu erfüllen. Vielleicht musstest du als Kind still sein, obwohl dir eher danach war, deine Lebensfreude auszudrücken, herumzutoben und zu schreien. Du musstest dich benehmen, ohne zu wissen, was das eigentlich heißt. Im Kindergarten lerntest du, dich ein- und unterzuordnen, obwohl du eigentlich nur spielen wolltest, allein oder mit anderen. Und das stand dir auch zu, aber der Ordnung halber musstest du deine wahren Instinkte unterdrücken. Wir alle mussten sehr früh lernen, zu gehorchen, uns an Belohnung und Bestrafung zu orientieren, zu machen, zu sagen und zu fühlen, was andere wollten.

Da wir nie gelernt haben, wir selbst zu sein, sondern nur, uns anzupassen, ist dieses Wissen, wie man sich anpasst, fest im Gehirn abgespeichert. Das Wissen darum, wer wir selbst sind, fehlt dagegen. Die Menschen, die Erfolg mit ihrer Art, sich anzupassen, hatten, werden weiterhin reibungslos funktionieren und damit Erfolg erleben. Sie werden, ohne anzustoßen, in einer angepassten Gesellschaft zurechtkommen. Und wenn alles gut für sie läuft, werden sie nie auf die Idee kommen, sich selbst zu spüren, nachzufragen, wie es in ihnen wirklich aussieht und worum es eigentlich in ihrem Leben geht. Aber es läuft selten gut. Die Seele fordert ihr Recht auf ihr Leben ein, das Innere Kind will gesehen, gehört, verstanden, geliebt und beschützt werden.

Dein Wesen, dein Du, das, was dich ausmacht und dich von allen anderen Menschen unterscheidet, lässt sich nicht abspeisen, kaufen, totschweigen oder für dumm verkaufen. Auch Ausreden lässt es nicht zu, zum Beispiel: »Keine Zeit!«, »Jetzt nicht!«, »Wenn das jeder machen würde!«, »Aber meine Kinder/meine Arbeit/mein Partner …«, »Wenn alles anders wäre, dann …« und, ganz beliebt: »Ich kann nicht, weil …« Frage nicht, ob du kannst, und schaue nicht, was andere machen.

Die Chance, dass andere ihr Leben auch verpassen, ist bei dem heutigen Stand der Dinge ziemlich groß.

Frage dich, was du willst. Hast du den Wunsch, etwas zu ändern? Das allein genügt, um einen Weg zu finden. Dann findet dein Weg nämlich dich.

Auch du lebst wahrscheinlich in den meisten Bereichen deines Lebens nicht innerlich frei und unabhängig, sondern hast Befürchtungen und unerfüllte Bedürfnisse. Sicherlich handelst auch du oft aus Angst statt aus innerer Freiheit. Aber du kannst, wenn du willst, ganz leicht aus der Begrenztheit aussteigen und innerlich frei werden – wenn dir bewusst wird, wo du gebunden bist, und wenn du dir vorstellen kannst, dass das nicht mehr so sein muss.

Vergib dir dafür, dass du dich bislang unbewusst selbst gefangen gehalten hast, denn du kannst nichts dafür. Solltest du Menschen um dich herum haben, die scheinbar mit der Nichterfüllung ihrer wahren Bedürfnissen klarkommen, dann mache dir bewusst, dass sie wahrscheinlich noch nicht dort angekommen sind, wo du gerade bist: in dem Bewusstsein, dass das Leben mehr zu bieten hat, als du bisher gedacht hast.

Wenn dir nicht bewusst ist, dass deine unerfüllten und verdrängten Bedürfnisse deine Absichten maßgeblich bestimmen, dann weißt du auch nicht, dass du dich selbst und andere unbewusst manipulierst. Natürlich willst du das nicht, und doch geschieht es. Wenn du in bestimmten Bereichen deines Lebens aus Angst und dem unbewussten Versuch, Verletzungen zu vermeiden, handelst, wenn du andere an dich binden oder manipulieren willst, selbst wenn du scheinbar zu deren Besten handelst, dann ziehst du genau diese Energien auch an. Dein wichtigster und bester Schutz ist also deine eigene innere Klarheit. Je aufrichtiger und authentischer du bist, desto weniger können sich dir dunkle, manipulierende und energieraubende Kräfte nähern.

Manchmal mag es ein wenig unbequem oder furchterregend sein, zu wissen, dass du einzigartig bist, denn du bist dazu aufgerufen, jeden Tag neu für dich zu entscheiden.

Doch du spürst deine innere Führung, die dich stabil und sicher leitet.*

Du weißt, du kannst ihr vertrauen.

*   Impuls aus: Susanne Hühn: Du bist einzigartig!, Schirner Verlag 2012.

Oft sind die Menschen um dich herum bestrebt, dich an sich zu binden und dich für ihre Interessen einzuspannen. Dahinter steckt eine Taktik. Es gilt nämlich, zu verhindern, dass du dich änderst, dich von der »Herde« so weit entfernst, dass du nicht mehr kontrollierbar bist. Warum? Weil sie denken, wenn du das kannst und damit durchkommst, dann könnten sie es ja auch. Das hieße aber, dass auch sie den Mut und die Energie aufbringen müssten, sich zu verändern. Die Trägheit der Masse macht den Einzelnen aber nicht nur bequem, sondern auch feige. Durch ein »Du musst …« oder »Du sollst …« von anderen wirst du genauso gebunden wie durch ein »Es wäre schön, wenn …«, oder: »Wir hätten gern, dass du …« Die Menschen in deiner Umgebung scheuen oft keine Tricks, um zu verhindern, dass du dich von ihnen weg entwickelst.

Gerade wenn wir viel mit lichtvollen Energien arbeiten, machen wir oft die Erfahrung, dass sich die Dunkelheit zu verstärken scheint. Meistens ist es unsere eigene Schattenseite, die sich zeigt. Je bereitwilliger wir hinschauen und erkennen, in welchen Bereichen wir noch angsterfüllt sind, desto freier und leichter werden wir. Denn zum Weg ins Licht gehört, Licht in das eigene innere Dunkel zu bringen.

Angsterfüllte und beengende Energien, unsere eigenen und die anderer, dürfen da sein. Wir spalten sie nicht ab, doch wir stellen uns ihnen nicht zur Verfügung. Unsere eigenen erlösen wir, indem wir hinschauen, uns in unsere Lichtsäule stellen und unseren Seelenstrahl rufen (S. 50).

Doch auch die Dunkelheit anderer können wir ins Licht schicken. Wir erschaffen für die dunklen Kräfte eine Lichtsäule, um ihnen den Weg ins Licht zu ermöglichen. Mache dir also keine Sorgen, es ist alles gut. Du brauchst keine Angst vor negativen Energien zu haben, du kannst sogar helfen.

DICH VON DUNKLEN KRÄFTEN REINIGEN

Schließe die Augen, und stelle dir vor, dass vor dir eine Lichtsäule erscheint. Mache dir bewusst, dass diese Lichtsäule die Erde mit dem Himmel, mit höheren Sphären verbindet. Die Lichtsäule ist wie ein Informationsstrom aus der Geistigen Welt, der alles enthält, was die dunklen Kräfte brauchen, um den Weg nach Hause ins Licht zu finden. Du selbst musst nicht wissen, was das für Informationen sind.

Stelle dir jetzt vor, dass diese dunklen Kräfte wie Rauch in die Lichtsäule strömen und nach oben gesogen werden. Diese Lichtsäule ist wie ein energetischer Staubsauger, der nun alles Dunkle nach oben zieht.

Wenn die dunklen Kräfte nach oben aufgestiegen sind, durchströmt dich ein Gefühl von Leichtigkeit. Lasse dann die Lichtsäule in Gedanken wieder los.

Zu den klaren Absichten gehört insbesondere die Absage an alles, was uns Energie rauben will. Denke daran: Auch Geld ist Energie. »Alles« schließt Menschen, Situationen, Dinge, die wir kaufen sollen, Werbung und Fernsehsendungen, die uns auf emotionaler Ebene manipulieren möchten, damit sich die Einschaltquoten erhöhen, mit ein. Wollen wir unsere innere Wahrheit erkennen, müssen wir uns darüber klar sein, was uns verführt, an wen wir uns freiwillig binden, weil wir ein Schnäppchen machen wollen, egal in welchem Bereich. Alles, was zu billig ist, fordert seinen Preis auf anderer Ebene. Ganz gleich, ob es um Beziehungen, Waren oder Möglichkeiten geht – du wirst deinen Preis zahlen müssen. Wenn du das nicht bewusst tust, also eine echte Wahl triffst und Ja oder Nein sagst, sondern dich verführen lässt, dann zahlst du eben unbewusst. Du wirst dich ausgelaugt fühlen, ohne zu erkennen, dass dieser scheinbare Energieraub die zweite Rate inklusive Zinsen war.

Konzentriere dich auf dich und das, was du gerade brauchst. Sollte dir dein Gewissen oder andere Personen, gerade die, die dir besonders nahestehen, versuchen, einzureden, du seiest selbstbezogen, ein schlechter Mensch oder würdest andere im Stich lassen, dann erinnere dich an die Sicherheitseinweisungen im Flugzeug. Vor dem Start wird man von den Flugbegleitern darauf hingewiesen, sich im Notfall selbst zuerst die Sauerstoffmaske überzuziehen und dann erst seinem Sitznachbarn, auch wenn es sich dabei um das eigene Kind handelt. Das klingt egoistisch, hat aber einen guten Grund: Wenn du dich selbst nicht mit dem überlebenswichtigen Sauerstoff versorgst, kannst du auch dem anderen nicht helfen, und ihr werdet beide sterben.

Deine eigene Kraft zu hüten, hat also Vorteile für alle Beteiligten. Diejenigen, die sich beschweren und das nicht sehen wollen, haben nur eine Heidenangst davor, sich um sich selbst kümmern zu müssen. Würden sie das tun, würden sie erst gar nicht auf dich schauen, dich also auch nicht kritisieren können. Sie wären mit sich selbst beschäftigt und wüssten, wie lebenswichtig das ist. Deine Selbstfürsorge und deine

Absage an übertriebene Verantwortung für andere dienen also genau denen, um die du dich eben nicht mehr übermäßig kümmerst. Das zu wissen, hilft dir, zwischen Energiefreund und -feind zu unterscheiden.

Lasse Geschäfte links liegen, die dir versprechen, das billigste Angebot zu haben, außer es fühlt sich wirklich gut an. Stelle dich in den dir schon bekannten Seelenstrahl, und frage dich, ob du wirklich den billigsten Preis haben willst, denn: Was bedeutet das? Auf wessen Kosten würdest du Geld sparen? Und welche Information würdest du dir selbst damit geben? Die, dass du nicht genug Geld hast, einen angemessenen Preis zu zahlen, der auch den Menschen, die hart für diese Waren arbeiten, ein Auskommen und eine vernünftige, nachhaltige Produktion ermöglicht, oder?

Alles hat seinen Preis, und das Leben fordert ihn ein.

Schwäche dich nicht noch mehr durch Billigkäufe, denn wie verführerisch sie auch angepriesen werden, sie rauben dir letztlich ebenfalls Energie. Billigkäufe sind nur für die Menschen attraktiv, die egoistisches Mangeldenken praktizieren. Die anderen fühlen sich zumindest nicht besonders gut, wenn etwas zu billig ist. Kaffee hat seinen Preis, denn die Bauern müssen davon leben. Kleidung hat seinen Preis, es sei denn, du willst umweltschädliche, minderwertige und durch Raubbau an der Natur erzeugte Stoffe in deinem Kleiderschrank und deinem Leben haben.

Wir wissen sehr gut, dass es manchmal wirklich schwer sein kann. Und wenn der Geldbeutel leer ist, dann nutzt dir das ganze Gerede nichts. Dann segne jeden Cent, den du ausgibst, segne jede Münze, die in deine Tasche fließt, und schaue, was deine Energiefresser sind.

Raube anderen keine Kraft, wenn du in Fülle leben willst, sondern nähre deine Umgebung und dich selbst so gut wie möglich.

Gehe in Geschäfte, deren Waren natürlicher Herkunft sind, und nutze Dienstleistungen, bei denen du Freude spürst und Menschen nicht ausgebeutet werden. In deinem Herzen willst du nicht schaden und ausbeuten, sondern dienen. Du willst die Energie und die Liebe auf diesem Planeten erhöhen, nicht senken. Kaufe, was dich glücklich macht und dir ein gutes Gefühl gibt. Isst du Fleisch? Tue es. Aber erlaube nicht, dass Tiere dafür leiden, indem sie unter unwürdigen Bedingungen gehalten werden.

Wir dürfen dem Leben nicht die Möglichkeit nehmen, in Freiheit zu fließen.

Den Preis für das Leid anderer kannst du gar nicht zahlen, so hoch ist er. Deine Lebensfreude sinkt drastisch, wenn andere für dein Wohlbefinden leiden müssen, weil das nicht dem entspricht, was dein Herz will.

Was dein Herz will? Dass es dir gut geht, ganz einfach. Was meint »gut«? Zuerst einmal das Gegenteil von »schlecht«. Schlecht ist alles, was dir oder anderen nicht guttut, schadet, dich oder andere ausnutzt, verletzt oder gegen den eigenen Willen zu etwas zwingt. Das kann körperlich sein, aber auch mental oder emotional. Ganz ohne anzuecken, werden wir trotzdem nicht durch dieses Leben kommen. Aber sich bewusst zu machen, wo etwas herkommt oder hingeht, wen es betrifft und was es uns gibt oder antut, ist ein guter Anfang. Und da »Bewusstsein« das Thema des menschlichen Lebens ist, ist es essenziell, dass wir aufmerksam bleiben, fragen und hinterfragen und nach Antworten suchen. Es geht um mehr als darum, sich nur berieseln zu lassen, zu funktionieren, zu schlafen und zu essen. Es geht darum, nach dem Sinn und Unsinn von allem, was uns umgibt, zu fragen und auf Antwort zu bestehen. Du kannst dich weigern, etwas zu konsumieren, etwas zu unterstützen oder bei etwas mitzumachen. Dabei musst du noch nicht einmal wissen, wie es anders und besser ginge. Du brauchst nicht die Lösung für ein Problem oder die Antworten auf die Fragen der Welt zu haben, um zu wissen, dass etwas falsch oder schlecht ist.

Gut ist auch immer das, was zum höchsten Gut aller beiträgt. Ob das die Menschheit an sich ist, die Umwelt, das Universum, deine Familie oder die Firma, in der du arbeitest, ein System hat immer eine in sich liegende Harmonie. Sie wird sich dir zeigen, wenn du danach fragst. Und ein System, das in Harmonie schwingt, also dich oder andere nicht aus- und benutzt, sondern in dem die Teile genauso vom System profitieren wie das System von seinen Teilen, wird dich immer unterstützen. Es fühlt sich für dich gut an. Dass du dich gut fühlst, ist ein gewollter Teil der Harmonie und trägt dazu bei. Ein System sucht immer nach Harmonie, nach Vollständigkeit und ist stets bestrebt, in Gleichklang zu schwingen. Einer für alle, alle für einen – das ist ein harmonisches System.

Wir sind viele, und wenn jeder seinem Herzen folgt, dann ist jedem geholfen.

Schaue dich in deinem Leben um, und sortiere nach und nach alles aus, was dir Kraft nimmt, oder verändere es zum Besseren. Wie geht es dir, wenn du an deine Arbeit, deine Beziehungen, deine Art, mit dir umzugehen, denkst? Je stabiler dein Allgemeinzustand, also dein emotionales, physisches, mentales und spirituelles Befinden ist, desto weniger können dir Energieräuber etwas anhaben.

Schaue also mit liebevollen Augen, mit dem Verstand deines Herzens. Denn ohne zu wissen, wer du bist und was du willst, wirst du mit Angst, Hass und Neid auf andere blicken und sie verurteilen. Habe Vertrauen, dass das Leben kein Interesse daran hat, dass du leidest. Dieses Vertrauen findest du, sobald du ein positives Selbstverständnis entwickelst und darauf bestehst, ein eigenständiges Leben zu führen. Das beinhaltet natürlich auch deine eigenen Gefühle, deinen eigenen Willen und dein Recht, zu existieren. Es ist dein Grundrecht, hier zu sein, so, wie alles, was ist, seine Daseinsberechtigung hat. Und alles, was ist, hat nur eine Aufgabe: das zu sein, was es ist. Es gibt nur eine Bedingung: leben und leben lassen. Lebe also, und lasse leben. Sei du selbst, wie nur du du selbst sein kannst. Herzlich willkommen in deinem Leben! Wir sind froh, dass es dich gibt.

Alles, was dem Planeten, der Liebe und dem Leben nicht dient, schadet auch dir. Den größten Schaden fügst du dir immer selbst zu, deiner eigenen Lebenskraft, denn diese ist unbestechlich. In ein Buch zum Thema »Schutz« gehört also unbedingt der Hinweis, niemandem zu schaden, niemanden auszubeuten und auf das große Ganze zu achten. Alles, was du aussendest, fällt auf dich zurück, das weißt du. Nicht als Strafe oder Rache, natürlich nicht, sondern indem es etwas über deine eigene Energie aussagt. Du bist ein Magnet für Energien und Ereignisse, und dein Zustand, das, was du sagst, glaubst, fühlst, denkst, willst, vor allem aber, was du tatsächlich TUST, entfaltet seine Wirkung. Warum? Weil es nun einmal das Lied ist, das du singst, ob es dir gefällt oder nicht.

Das Universum antwortet immer in der von dir vorgegebenen Tonart.

Es wird Zeit, dir einen Platz im Licht zu suchen – und dort zu bleiben. Es dient niemandem, wenn du in der Dunkelheit verharrst. Wir alle sind Leuchttürme, Wegweiser und Wegbereiter. Wenn wir im

Licht stehen und anderen durch die Art, wie wir leben, zeigen, wie frei und lebendig es sich hier anfühlt, dann machen wir ihnen Mut, sich auch auf den Weg zu begeben. Es dient weder dir noch anderen, wenn du versuchst, deren Müll zu sortieren und beiseitezuräumen, denn es gehört zu dem Weg eines jeden Einzelnen, das für sich selbst zu tun. Selbstverständlich darfst du für andere da sein und ihnen Unterstützung anbieten, aber die Bereitschaft zu dieser Arbeit muss ausdrücklich und anhaltend von ihnen selbst kommen.

Das Leben, die Liebe, eine höhere Macht, das Universum, Gott – du kannst es nennen, wie du willst –, es will nur eins: sich ausdrücken. Das geschieht in Perfektion in all seiner Vielfalt. Nichts existiert umsonst, geschieht aus Versehen oder ist gar ein Fehler der Schöpfung. Nimm dich so an, wie du bist, und vertraue darauf, dass du genau so gemeint bist. Hätte das Leben gewollt, dass du anders bist oder etwas anderes mit deinem Leben machst, dann hätte es dich anders geschaffen. Die Vielfalt in Menschheit und Natur sorgt dafür, dass sämtliche Varianten des Lebens ausgespielt und erlebt werden, und deine ist eine davon. Niemand sonst könnte dein Leben genau so wie du leben. Du bist etwas ganz Besonderes, sonst gäbe es dich nicht.

Also höre auf, so sein zu wollen, wie andere dich gern hätten, und wende dich dir selbst zu, deinem Leben, deiner wundervollen Einzigartigkeit.

Statt dich über Gebühr um das Leid anderer zu kümmern, übernimm die volle Verantwortung dafür, dir selbst kein Leid mehr zuzufügen. Denn sonst verletzt du dein Inneres Kind, das nur ein gewisses Maß an Schmerz ertragen kann, ohne Schaden zu nehmen. Sich selbst zu schaden, fügt dem globalen Leid beträchtlichen Schmerz hinzu, egal, wie sehr du für andere da bist. Du rettest schon dadurch die Welt, indem du dich nicht selbst verletzt. Denn dann muss das Kollektiv nicht auch noch deinen Schmerz tragen.

DIE KRAFT DER ERDE

Deine Sicherheit durch ideale Erdung finden

Vor einigen Jahren war ich, Susanne, in Schottland und saß im Wald an einem grandiosen Wasserfall auf einem Felsen. Um mich herum tobte das Wasser, der mit Moos bewachsene Felsen gab mir Halt, die Sonne brachte die Gischt zum Funkeln. Im Fluss, in den der Wasserfall stürzte, stand ein toter Baum wie ein Totempfahl. Es war ein wirklich magischer Ort, wie ein Märchenwald, ein Ritualplatz.

Ich saß da und fühlte mich schlecht. Mein Leben war damals sehr anstrengend, so ziemlich alles, was mir wichtig war, brach auseinander. Meine Ehe war durch die Krankheit meines Mannes zu Ende und meine Arbeit als Physiotherapeutin auch. Ich konnte niemanden mehr behandeln, meine Hände nicht mehr auf schmerzende Körper legen, ich hatte ein Burn-out. Einen Plan B hatte ich nicht, und ich wollte auch keinen haben. Ich war bereits auf meinem spirituellen Weg, wie konnte es sein, dass alles, was mir wichtig war, aus meinem Leben verschwand und ich nicht die geringste Chance hatte, etwas daran zu ändern? Wie sollte ich meiner höheren Macht vertrauen, wenn sie die Abrissbirne für mich bereithielt?

Ich saß also auf diesem Felsen und schaute der Natur bei ihrem Alltagsgeschäft zu. Ich sah, wie sie funkelte, wuchs, starb, schäumte, vielen Lebewesen Raum gab, still dalag, mit viel Getöse in die Tiefe stürzte, dabei rings herum alles benetzte und zum Blühen brachte, zum ruhigen Fluss wurde – lebte. Ich nahm meinen Ehering ab und warf ihn mitten in den Fluss. An dieser Stelle, wo die Elemente auf die Schönste aller denkbaren Weisen miteinander tanzten, war der perfekte Ort, um das Ende meiner Ehe, so, wie ich sie mir erträumt und wir sie uns gegenseitig versprochen hatten, anzuerkennen. Und auf einmal hörte ich eine sehr klare Stimme, die Stimme von Mutter Erde:

»Du bist wie dieser Ort ein ideales Zusammenspiel aus Erde, Wasser, Sonnenlicht und Luft. Die Seele, das ist deine Mitte. Die Schönheit, die du hier siehst, die Harmonie, genau das bist auch du. Ich bin durch dich ein einzigartiger Ausdruck all meiner Kräfte. Alles, was du hier siehst, bist du in anderer Form, genauso schäumend, ruhig, funkelnd und teilweise auch, wie der Baum in der Mitte, tot. Du lebst. Und das bin immer ich.«

Tief berührt und für immer beruhigt und mit dem Menschsein versöhnt konnte ich diesen Ort verlassen.

Ich bin dieser Ort. Alles, was ich an diesem Ort liebe, bin ich auch. Daran erinnere ich mich beinah täglich, es erinnert mich, ich weiß es einfach. Ich bin nicht getrennt von allem. Ich bin wie alles andere ein perfektes Zusammenspiel aus den Elementen. Das hat mein Leben auf der Erde vollkommen verändert. Ich bin keine Seele, die in einen Körper gezwungen wurde und die Enge aushalten muss. Ich bin der Wasserfall, der sich schäumend in den Fluss stürzt und von ihm aufgefangen wird. Ich bin der Felsen, der diesen Wasserfall teilt und ihm Struktur gibt. Ich bin die wachsende Natur um mich herum, die Sonne, die die Welt zum Leuchten bringt, und ich bin der tote Baum, der sich selbst losgelassen hat und dadurch anderen Nahrung und Schutz bietet.

Seit diesem Erlebnis bin ich wahrhaft lebendig. Alles, was ist, alles, was ich fühle, alles, was ich erlebe, erlaube ich mir, auch wirklich zu fühlen. Alles, was ich will, erlaube ich mir, zu wollen. Wie ich mir erlaube, alles, was ich nicht will, abzulehnen. Ich bin Mutter Erde, ein Teil von ihr, ich bin eine Synergie der miteinander tanzenden Elemente, die sich durch mich ausdrücken wollen. Und so ist alles, was ich als lebendiger Mensch will und fühle, richtig.

Es gibt zwei ganz besondere irdische Kräfte, die uns helfen, egal, was es uns auch kostet, weiterzumachen: Lebenswille und der daraus resultierende Lebensmut. Wenn wir uns die Evolution anschauen, dann ist es beinah unfassbar, was das Leben alles auf sich nimmt, um sich durchzusetzen. Unter den widrigsten Umständen gedeiht es immer noch. Menschen, Tiere und Pflanzen machen weiter und weiter, egal, wie schwer die Umstände auch sein mögen, und sie tun es mit ganzer Kraft. Es muss sehr viel geschehen, damit zum Beispiel ein Tier wirklich aufgibt.

Diesen Mut zum Leben bitten wir nun zu uns und in unser System. Die irdische Kraft ist roher, wilder und körperlicher als unsere geistige Anbindung. Sie wirkt im Wurzelchakra und setzt genau die Aggressionen frei, die wir brauchen, um trotz schwierigster Bedingungen stabil zu bleiben und störenden und schädlichen Kräften die Stirn zu bieten. Sie muss roh und ungezähmt sein, denn es ist diese Kraft, die wir brauchen, wenn wir Kinder zur Welt bringen, uns verteidigen, für unsere Nahrung sorgen und auch wenn wir unsere Träume in Taten umsetzen.

Als ich die Erde einmal nach ihrem Wesen fragte, erhielt ich die Antwort:

»Ich bin kraftvoll, kompromisslos, feurig, stabil, erdig und voller Leben. Ich frage nicht, ich handle. Ich brauche keine Erlaubnis, ich BIN. Ich bin, weil ich bin. Weil ich geschaffen wurde, bin ich. Du brauchst keine Erlaubnis, um deine Energie in die Tat umzusetzen, du hast die Erlaubnis, weil du geschaffen wurdest. Meine besondere Kraft, die mich durchhalten lässt, ist mein Wissen, dass ich bin. Ich brauche nicht ›durchzuhalten‹, weil ich nicht aufgebe. Nicht der leiseste Zweifel an meiner Daseinsberechtigung trübt mich. Ich bin reine, pure Lebenskraft, zu einhundert Prozent präsent. Ich bin die pure Lebensenergie, ich verwandle Energie in Materie, in Taten, ich erschaffe und zerstöre im Dienst der Schöpfung. Ich habe keinen freien Willen, ich bin einfach. Mein Bewusstsein gibt mir nur einen Impuls: Schöpfe. Wandle geistige Kraft in physische, sichtbare, auf Erden wirksame Energie um.

Ich bin, weil ich geschaffen wurde. Ich stelle euch diese Kraft zur Verfügung, denn das gilt auch für euch. Weil du auf der Erde bist, weil du eine Seele hast oder eine Seele bist, wie es dir lieber ist, weil du BIST, hast du eine Daseinsberechtigung. Du brauchst keine Berechtigung, um zu sein. Du bist, und damit bist du ein Teil der Schöpfung. Hättest du keine Berechtigung, hier zu sein, wärst du nicht hier, ganz einfach. Ich gebe dir die Kraft, das, was du willst, im Dienst deines Herzens und der Schöpfung in die Tat umzusetzen. Ich nehme dir die Zweifel. Du darfst sein, natürlich, denn du bist.«

Diese Kraft schützt dich, also nutze sie. Wenn du in deinem Körper präsent bist, dann haben es fremde Energien sehr viel schwerer, dich zu stören. Nachfolgend findest du drei Übungen, die dich jeweils auf besondere Weise mit der Kraft der Erde verbinden und dir Halt geben.

*Wenn du Ja sagst zu deiner Einzigartigkeit, dann erkennst du, dass es für dich genau die Erdung gibt, die zu deiner Seele passt.**

Eine Eiche ist geerdet, fest und unerschütterlich steht sie da, hat ihre Wurzeln tief im Boden verankert und zieht ihre Kraft aus der Erde. Doch auch eine Seerose ist geerdet. Sie wiegt sich im Wasser, ihre Wurzeln halten sie im Schlick, und sie zieht ihre Energie aus einer weichen Mischung aus Erde und Wasser. Es gibt sogar Pflanzen mit Luftwurzeln, und auch diese sind geerdet.

*   Impuls aus: Susanne Hühn: Du bist einzigartig!, Schirner Verlag 2012.

DEIN IDEALES ERDCHAKRA

Stelle dir vor, unter deinen Füßen gibt es eine Energiekugel, die, wenn du aufrecht stehst, etwas dreißig Zentimeter tief in der Erde liegt. Schaue sie dir genau an. Ist sie kraftvoll? Gefällt sie dir? Hast du genug Platz, um bequem darauf zu stehen? Reichen kleine oder auch größere Energiefäden von anderen Menschen in deine Kugel hinein, oder streckst du deine Energiefäden nach anderen aus? Ist diese Energiekugel noch passend für dich und deinen Weg? Stärkt sie dich? Lasse dich ihre Energie spüren. Wie fühlt es sich an, auf dieser Kugel zu stehen? Nährt sie dich?

Wie auch immer sie sich anfühlt, bitte nun Mutter Erde, aus ihrem Herzen heraus eine ganz neue Energiekugel für dich zu formen, ein Erdchakra, das jetzt zu dir passt, das deine Seele sanft und leicht im Körper hält und das nur dir gehört. Erlaube, dass deine gesamte Erdung ausgetauscht wird oder zum ersten Mal überhaupt entsteht. Mutter Erde sendet nun eine Energiekugel an die Oberfläche, sie ist einzigartig und gehört nur dir. Wie deine Seele einzigartig ist, so brauchst du auch eine einzigartige Erdung, die zu dir passt und die genau deiner Seelenenergie entspricht.

Dieses neue Erdchakra ist nun bei dir angekommen, und jetzt – jetzt – mache einen Schritt genau auf dieses neue Chakra. Stelle dich mitten darauf, und lasse dich von seiner Kraft durchströmen. Es hat genau die richtige Stärke, die richtige Art der Energie, es erdet dich genau so, wie es für deine Seele ideal ist. Die Erdkraft fließt von unten in dich ein, strömt in deinen Körper und nährt ihn. Körper und Seelenschwingung gleichen sich an, finden zueinander. Es gibt nichts zu tun, das geschieht von ganz allein. Stelle dir vor, du stehst, während all das geschieht, in einer Lichtsäule. Nun erlaube, dass dieses neue Erdchakra wie ein Magnet wirkt und deine Seele ganz sanft in deinen Körper zieht. Durch die Lichtsäule hindurch, sicher und geschützt, strömt deine Seelenessenz in deinen Körper, verbindet sich mit der einfließenden Erdkraft.

Erlaube nun, dass alle Energien, alle Seelenanteile, alles, was du für andere trägst, alles, was nicht zu dir gehört oder jetzt nach Hause gehen will, deinen Körper verlässt, in die Erde abfließt oder sicher und geschützt in der Lichtsäule nach oben aufsteigt. Alle Seelenanteile, für die es heute Zeit wird, den Körper zu verlassen und heimzugehen, verlassen nun den Körper, steigen auf in ihre Seelenflamme, kehren genau dahin zurück, wo sie hingehören. Alle Seelenaspekte, die gehen wollen, alle Anteile des Inneren Kindes, die nach Hause wollen, verlassen jetzt den Körper. »Ihr könnt gehen, es ist gut. Sicher und geschützt geleitet euch das Licht der Lichtsäule nach Hause, wo immer dieses Zuhause auch sein mag.«

Immer dann, wenn du dich veränderst, wenn du etwas loslässt oder etwas Neues in dein Leben rufen willst, schaue, ob dein Erdchakra noch zu dir passt. Du kannst jederzeit um eine neue, für den jetzigen Zeitpunkt stimmige Erdung bitten. Nimm die Energie in dich auf, in alle Zellen, lasse dich erfüllen. Die inneren Bilder verschwinden nach einer Zeit wieder, aber die Erdung bleibt.

Wenn du einfach einmal so Kraft aus der Erde tanken möchtest, dann probiere die folgende Übung.

DEINE ERDKRAFT

Stelle dich ganz bewusst und fest auf die Erde, oder mache es dir bequem, und stelle dir vor, dass du fest und sicher auf der Erde stehst. Nun stelle dir vor, es gäbe unter deinen Füßen einen leuchtenden Energieball, der ungefähr dreißig Zentimeter tief in der Erde liegt. Er glüht dunkelrot oder goldbraun, strahlt wärmende und Halt gebende Energie aus. Du spürst, dass diese Energie in deine Füße strömt, dir ein gutes Gefühl gibt und dich fest und sicher auf der Erde verankert, ohne dich zu binden. Du bleibst frei und leicht, wirst aber gewärmt und gehalten.

Während diese Energie in dich hineinfließt, erkennst du, dass der Energieball selbst aus der Erde gespeist wird. Es gibt ein riesiges, warmes, golden leuchtendes Herz im Inneren der Erde, das siehst du nun vor deinem inneren Auge. Du erkennst, dass dein Energieball aus diesem Herzen heraus genährt wird. Im Energieball wird die Kraft aus der Erde so verändert, dass sie für dich und deinen Weg passt. Wann immer du Kraft brauchst, stelle dir diesen Energieball vor, und erlaube seinem Licht, in dich hineinzufließen. Fühle die Kraft und die Wärme, und wisse, dass du von nun an immer mit Lebenskraft versorgt bist, wenn du dich dafür öffnest.

Wenn du Entscheidungen treffen willst, dann nutze die folgende Übung.

DAS HERZ DER ERDE

Atme ein paar Mal tief durch, und stelle dir dann ein riesiges goldenes Herz im Mittelpunkt der Erde vor. Es pulsiert und leuchtet, seine Wärme strömt durch die gesamte Erde, fließt über deine Füße in dich hinein und erfüllt dich mit der Liebe der Erde.

Nun richte deine Aufmerksamkeit auf dein eigenes Herz. Stelle dir vor, auch hier gäbe es ein wunderbar wärmendes, goldenes Licht. Lasse einen Lichtstrahl davon in das Herz der Erde hineinfließen. Das Herz der Erde antwortet sofort. Du spürst, wie sein Licht in dein Herz hinein-strömt und dich wärmt, stärkt und mit Geborgenheit erfüllt. Du bist nun verbunden mit der unermesslich reichen Kraft der Erde.

Wann immer du Entscheidungen triffst, frage dein Herz und das Herz der Erde, welche Entscheidung die Wärme und das goldene Licht ver-stärkt und welche nicht – und handle entsprechend.

IN SICHERHEIT BLEIBEN, AUCH WENN DU VIEL FÜHLST

Emotionale Reinigung macht dich stabil

Meist haben wir früh gelernt, Gefühle zu unterdrücken, brav zu sein, nicht zu schreien, zu lärmen und zu toben, wenn uns danach war. Mit der Zeit wurden wir erwachsen und wussten nicht, wie wir mit Gefühlen umgehen sollen. Wir haben Angst, sie auszudrücken, weil sie uns einfach fremd sind. Nicht selten haben wir es uns zu eigen gemacht, ein Gefühl durch etwas anderes zu ersetzen. Wenn du als Kind zum Beispiel ein Eis bekommen hast, damit du still warst, dann kann es gut sein, dass du als Erwachsener zu Eis oder anderen Süßigkeiten greifst, wenn sich ein Gefühl ankündigt. Oder du hast gelernt, dich selbst nicht zu fühlen, und benutzt die sozialen Medien oder das Fernsehen, um durch die Gefühle anderer von deinen eigenen abgelenkt zu werden. Es mag sein, dass du dich von deinen Gefühlen bedroht fühlst und deshalb alles daransetzt, sie zu kontrollieren. Das kann für eine Weile sogar funktionieren, aber auf Dauer gelingt es keinem, sie unter Verschluss zu halten, weil der Mensch nun einmal ein Gefühlswesen ist.

Wenn du deine Gefühle kennst, sie zulässt und dafür sorgst, dass du sie ausleben kannst, dann wirst du ein erfülltes Leben haben. Deine Gefühle weisen dir den Weg. Sie lügen nicht, du kannst dich auf sie verlassen.

Wenn du versuchst, die Kontrolle über deine Gefühle zu behalten, kostet dich das sehr viel Kraft. Verlierst du diese Kontrolle und fühlst viel zu viel, erlebst du also emotionale Achterbahnfahrten, laugt dich das auch aus. Eine gesunde Möglichkeit, Gefühle zu erleben, ohne dass es dich erschöpft, kennst du vielleicht gar nicht. Das geht vielen so, und deshalb unterdrücken sie sie. Wenn du als Kind nicht gelernt hast, dass es in Ordnung ist, Gefühle zu haben, und dass du, egal, was du fühlst, immer in Sicherheit bist, dann vermeidest du als Erwachsener jedes Gefühl, das dich damals in Schwierigkeiten gebracht hat. Weil du aber nicht wirklich fühlst, gerätst du in einen emotionalen Sumpf. Du fühlst von allem nur ein bisschen, doch nichts richtig. Es ist, als würdest du deine Gefühle immer wieder aufrühren, statt sie durch dich hindurchfließen zu lassen.

Wie man mit Gefühlen richtig umgeht, kannst du von Kindern lernen, die sich sicher fühlen: Sie drücken ihre Gefühle laut, ungefiltert und für alle deutlich sichtbar aus. Deshalb sind sie auch so rasch wieder vorbei.

Heißt das, du sollst dich ab sofort auf den Boden werfen und schreien, wenn dir etwas nicht passt? Vielleicht nicht auf Arbeit vor dem Chef. Doch zu Hause ist das nicht die schlechteste Idee, wenn dir danach ist. Du wirst sehen, dass selbst starke Gefühle viel schneller vorbeigehen, wenn du dir erlaubst, sie einmal ungefiltert zu fühlen und körperlich auszudrücken. Du kannst danach viel klarer denken. Denn mehr wollen Gefühle nicht von dir: Sie wollen gespürt werden. Wenn du versuchst, sie zu kontrollieren und zu unterdrücken, sie also im Griff haben willst, kann es sein, dass dich die Emotionen anderer triggern.

Wenn du dich selbst fühlst,
bist du vor den Gefühlen anderer geschützt.

Erlaubst du dir nicht irgendwann, zu fühlen, was du fühlst, gibst du also nicht nach, dann führt dich das womöglich sogar in eine Depression.

Stelle dir eine Art Dunkelkammer in einem Fotolabor vor. Darin liegen all deine nicht gefühlten Gefühle wie halb entwickelte emotionale Schnappschüsse deines Lebens. Du hast sie, bildlich gesprochen, viel zu früh aus dem Entwicklungsbad herausgeholt, um sie nicht in all ihrer Tiefe und Schärfe anschauen zu müssen. Siehst du nun bei anderen Menschen ähnliche Bilder, dann erinnert sich etwas in dir daran, dass deine Dunkelkammer beinah überquillt. Die halb fertigen Gefühlsbilder wollen vollständig entwickelt werden. Sie wollen aus der Dunkelkammer herausgeholt, angeschaut und als Erfahrungen anerkannt und eingeordnet werden, damit du diese Erfahrungen auch wirklich als erlebt betrachten kannst und erkennst, zu welchen Erlebnissen bestimmte Gefühle gehören. Außerdem entsteht auf diese Weise Platz für neue Gefühlsbilder. Wenn du das nicht tust, du die Bilder in der Dunkelkammer lässt, dann kannst du die Erfahrungen, die auf diesen Bildern abgebildet sind, nicht verarbeiten. Und jedes Mal, wenn ein anderer dir ähnliche Bilder zeigt, wirst du an dich selbst erinnert. Insofern sind die anderen in Wahrheit sehr hilfreich für dich, denn sie zeigen dir, was sich in deiner Dunkelkammer verbirgt. Je bereitwilliger du dich dorthin begibst und deine halb fertigen Bilder zu Ende entwickelst, desto rascher wirst du dich innerlich aufgeräumt fühlen und desto weniger triggern dich die emotionalen Schnappschüsse anderer.

Als Kind warst du vermutlich nicht in Sicherheit. Deshalb konntest du es dir nicht leisten, deine Gefühle wirklich zu fühlen. Doch jetzt bist du erwachsen, und es liegt in deiner Verantwortung, dir selbst den sicheren Raum zu geben. Das ist die Voraussetzung dafür, dass du deine emotionalen Bilder fertig entwickeln kannst. Du kannst die Erfahrungen, die dahinter liegen, verarbeiten und dadurch reifen.

Sind die emotionalen Bilder in deinem Album eingeklebt, dann wirst du nicht mehr von anderen getriggert. Du kannst Mitgefühl mit anderen haben, weil du weißt, was sie durchmachen, doch du bleibst bei dir und fühlst dich nicht mehr wie ein Papierschiffchen auf dem emotionalen Gewässer aller, mit denen du in Kontakt kommst.

Du darfst das Drama loslassen und dem Fluss des Lebens vertrauen.

Es gibt Menschen, die geradezu süchtig nach emotionalen Dramen sind. Ein Drama wirkt als Lebensersatz und hindert dich daran, Verantwortung zu tragen und zu handeln.

Lasse los, atme durch, schaue hin, und erkenne, was wirklich geschieht. Es kann sein, dass es dir hilft, Abstand zu den Menschen zu halten, die dich in ihr emotionales Drama hineinziehen wollen.

Hier sind zwei Übungen, die dir helfen, mit deinen Gefühlen klarzukommen. Die erste dient der emotionalen Reinigung, die zweite führt zu mehr emotionaler Stabilität.

DICH EMOTIONAL REINIGEN

Lege dich bequem hin, schließe die Augen, und stelle dir einen wunderschönen Wasserfall vor. Er funkelt und glitzert in der Sonne. Das Wasser hat genau die Temperatur, die dir angenehm ist, erfrischend kühl oder wohlig warm.

Streife deine Kleidung ab, stelle dich unter den Wasserfall, und genieße das Prasseln auf deinen Schultern. Stelle dir vor, dass der Wasserfall alles Schwere von dir abwäscht, allen Schmutz aus dir herauslöst, auch den, der dir gar nicht bewusst ist. Der Wasserfall hat magische Kräfte und kann alles abwaschen, was dir nicht mehr dient, was dich schwer und traurig sein lässt. Er reinigt dich auch von innen, und gleichzeitig versorgt dich das Wasser mit frischer Lebensenergie.

Erlaube, dass all die emotionalen Lasten, von denen du wahrscheinlich gar nicht wusstest, dass du sie mit dir herumgeschleppt hast, von dir abgelöst werden. Der Wasserfall mündet in ein kleines Becken, von hier aus strömt das Wasser in einen Fluss. Dieser Fluss nimmt alles Schwere, Dunkle mit sich. Für den Fluss ist das kein Problem, das Wasser bleibt rein und klar, denn der Schmutz setzt sich einfach ab und wird ein Teil des Flussbettes, ernährt die Pflanzen und Tiere, die im Schlamm leben.

Bleibe so lange unter dem Wasserfall stehen, wie es sich gut anfühlt, so lange, bis du dich frisch und klar fühlst. Wenn du so weit bist, steige aus dem Becken heraus. Das fällt dir ganz leicht. Am Rand des Beckens findest du flauschige Handtücher, mit denen du dich abtrocknest. Neben den Handtüchern liegt auch ein neues Gewand, das dir genau die Energie gibt, die du brauchst. Sie ist licht, leicht und fröhlich oder tröstend, schützend und wärmend, so, wie es jetzt für dich richtig ist. Ziehe dieses neue Gewand an.

Behalte das neue Gewand in deiner Vorstellung an, während du die inneren Bilder loslässt, und genieße die innere Klarheit. Bleibe jetzt noch ein wenig liegen, und wenn du so weit bist, dann öffne die Augen.

Wann immer du dich im Alltag schwer fühlst, stelle dich in Gedanken unter deinen Wasserfall, und lasse ihn alles abwaschen, was dich belastet. Häufig fühlen wir uns in schwierigen Situationen emotional überfordert. Und sehr oft geschieht das, weil wir nicht wissen, wie stabil wir in Wahrheit sind. Die nachfolgende Übung zeigt dir, wie gut du in Wahrheit mit Gefühlen umgehen kannst, wenn du nur weißt, wie.

ÜBUNG

DEINE EMOTIONALE STABILITÄT WIEDERERLANGEN

Atme ein paar Mal tief durch, und stelle dir mit jedem Ausatmen vor, dass alles, was dich belastet und schwer macht, aus dir herausströmt. Mit jedem Einatmen nimmst du frische, neue Energie auf, atmest das Leben tief in dich hinein. Du spürst, wie du dich langsam mehr und mehr entspannst. Die Anspannung verschwindet, und du fühlst dich angenehm und wohlig warm. Es gibt im Moment nichts mehr für dich zu tun, als dich selbst zu fühlen.

Stelle dir einen Sandstrand am Meer vor. Du stehst an diesem Strand, und vor dir liegt ein riesiger Felsen im Wasser. Es fällt dir leicht, vom Strand aus auf diesen Felsen zu klettern, und das tust du nun. Du stehst jetzt auf dem Felsen. Das Wasser schäumt um ihn herum, aber der Felsen steht fest und sicher da, unverrückbar. Auch du stehst sicher und fest. Gerade deshalb dürfen die Wellen sein, wie sie sind. Du spürst, wie die Kraft dieses Felsens durch deine Füße in deinen Körper hineinfließt, und das fühlt sich sehr gut an. Und auf einmal erkennst du: Du bist wie dieser Felsen, ganz fest stehst du da, das Wasser kann toben und tosen, aber du bist völlig sicher und klar. Nichts kann dich erschüttern, mag das Wasser noch so hohe Wellen schlagen. Du bleibst ruhig und kraftvoll, gelassen und innerlich frei. Spüre, dass du immer in Sicherheit bist.

Stelle dir jetzt vor, die Wellen sind deine Gefühle. Ob sie sanft gegen den Felsen wogen oder gegen ihn donnern, du stehst fest und sicher hoch oben. Du nimmst die Wellen wahr, du spürst ihre Kraft, ihre Lebendigkeit, ihre Wucht. Habe keine Angst, sie können dir nichts anhaben. Sie rollen auf den Felsen zu, um ihn herum, benetzen ihn vielleicht, doch du bist immer in Sicherheit. Sie haben keine Macht über dich. Und weil sie so stark sein dürfen, wie sie sind, verbrauchen sie rasch ihre Energie und verebben am Strand.

Schaue den Wellenbewegungen deiner Gefühle so lange zu, wie du möchtest. Komme dann in deiner Zeit mit deiner Aufmerksamkeit wieder in den Raum zurück, in dem du dich befindest.

Wie hilft dir diese Übung im Alltag? Du bist nicht mehr so schnell überwältigt, sondern kannst weiterhin klar denken und angemessen handeln oder eben nicht handeln, auch wenn du durch eine Situation emotional sehr berührt wirst.

DEIN KRAFTTIER

Die Stärkung deiner Lebenskraft
durch ganz besondere Helfer

Krafttiere bringen dir Qualitäten, die dir helfen, dein Leben auf der Erde zu meistern. Sie stärken deine irdische Lebenskraft. »Kraft« bedeutet in Bezug auf Krafttiere »Fähigkeit«. Ein Krafttier ist nicht immer ein Drache oder ein Löwe. Auch kleinere Wesen können sich als Krafttiere zeigen. Eine Ameise zum Beispiel weiß, wie man auf ideale Weise im Verbund miteinander arbeitet und seinen Platz in einem System findet. Sie ist stark und trägt das Mehrfache ihres Körpergewichtes. Eine Maus kennt sich hervorragend unter der Erde aus, weiß, wie man Vorräte anlegt, Katzen entkommt und sich versteckt. Ein Kaninchen ist weich und kuschelig und ein wundervoller Begleiter für das Innere Kind. Es entkommt seine Feinden, indem es schnell ist und Haken schlägt, es ist also kein bisschen hilflos und gelähmt, wie man es ihm oft nachsagt. Wie die Maus weiß es auch, wie man unter der Erde, also mittendrin im Irdischen, bestens zurechtkommt. Wie könnten diese Kräfte im Alltag helfen?

Wir geben dir einmal ein Beispiel: Du stehst unter Zeitdruck. Die Kinder müssen geweckt und die Hausaufgaben kontrolliert werden. Der Kaffee ist noch nicht gekocht, und das viel zu kurzfristig anberaumte Meeting muss auch noch vorbereitet werden. Die Firma entlässt voraussichtlich viele Mitarbeiter, und du weißt nicht, ob du darunter sein wirst. Neben der ganzen Arbeit plagt dich also auch noch Existenzangst.

Du bist überfordert. Doch zum Glück denkst du daran, die nachfolgende Übung zu machen, und du rufst dir ein Krafttier. Eine Ameise erscheint, und du fragst sie, welche Kraft sie dir bringt. »Stärke, das zu schultern, was du zu meistern hast«, sagt sie dir, und du spürst, wie dich Gelassenheit durchströmt. Heute hast du die Kraft für heute, erkennst du auf einmal, die Ameise macht es dir vor. Und noch etwas erkennst du: Die Ameise trägt zwar das Vielfache ihres Gewichtes, doch nicht immer und auch nicht lange. Sie tut es zum Wohle der Gemeinschaft, und die anderen Ameisen tun das auch. So lehrt sie dich außerdem, dass du nicht immer alles allein zu machen brauchst.

Für diesen Moment geht es dir besser. Du tust, was getan werden muss, und weißt, dass du in jedem Moment die Kraft für das hast, was gerade ansteht. Du darfst von den anderen Familienmitgliedern erwarten und einfordern, dass sie das Ihrige beitragen. Und das alles nur, weil eine kleine Ameise dich daran erinnert und dir ihre Qualität zur Verfügung gestellt hat.

So ist das mit den Krafttieren. Hinterfrage sie nicht, nimm, was sie dir geben, und sage: »Danke.« Mehr brauchen sie nicht von dir.

Wenn dir ein Tier erscheint, frage es immer, welche Qualität es dir bringen möchte, und nimm sie an. Vertraue darauf, dass die Geistige Welt dich kennt. Sie weiß, was du wirklich brauchst, und du bekommst es von ihr. Deshalb rufe immer jenes Krafttier, das jetzt kommen will, und lasse das Ergebnis offen. Auch wenn du Angst vor einem bestimmten Tier hast, es gar eklig findest und nicht einmal an es denken willst, nimm seine Kraft an, wenn es sich dir zeigt. In diesen Fällen ist es umso wichtiger, es nach seiner speziellen Qualität zu fragen.

Krafttiere kommen, um für dich da zu sein, und nicht, um dir zu gefallen oder von dir gemocht zu werden.

Mit der nachfolgenden Übung kannst du dein Krafttier zu dir bitten.

DEIN KRAFTTIER RUFEN

Mache es dir bequem, und stelle dir einen Torbogen vor. Das Tor führt dich in deine Innenwelt. Du gehst durch dieses Tor hindurch und befindest dich in einer wunderschönen Landschaft. Sie ist genau so, wie es für dich heute passt. Gehe ein wenig spazieren, und schöpfe Kraft.

Mache es dir in dieser Landschaft bequem, und bitte darum, dass sich dir jetzt ein Krafttier zeigt. Das für dich heute richtige Tier wird sich dir offenbaren. Lasse all deine Ideen darüber los, was du gern als Krafttier hättest, und öffne dich für das, was nun kommt. Vertraue dem, was du wahrnimmst, auch wenn du noch nichts mit diesem Tier anfangen kannst. Gehe davon aus, dass du vielleicht nicht alles über dieses Tier weißt. Es kommt, weil es für dich richtig ist.

Frage es, welche Qualität es dir bringt. Sei vollkommen offen für die Kraft, die du nun bekommst. Es kann Schutz sein, aber auch Durchhaltevermögen, Klarheit, die Fähigkeit, dich zu verstecken und dich auf gute Weise unsichtbar zu machen, oder eben das, was du gerade brauchst. Die bloße Präsenz des Krafttieres genügt schon, um dir seine Kraft zu übertragen, doch möglicherweise berührt es dich auch.

Erlaube dem Krafttier, dir seine Qualität auf die heute richtige Weise zu geben. Es zeigt dir, was du heute wissen sollst. Lasse dich wirklich auf dieses Krafttier ein. Nimm seine spezielle Kraft an, spüre, wie sie in dich einfließt, dich stärkt, entspannt, entschlossener und ruhiger werden lässt. Sage: »Danke.«

Du hast nun einen guten Begleiter und einen treuen Freund an deiner Seite, und immer, wenn du Rat brauchst, kannst du dich an dein Krafttier wenden. Verabschiede dich von ihm, oder nimm es einfach mit, tritt wieder durch das Tor, und komme zurück in den Raum, in dem du dich befindest.

Rufe dein Krafttier immer dann, wenn du Schutz brauchst, denn es wird dich stärken und dir zum Beispiel die Fähigkeit geben, Nein zu sagen, wenn es angemessen ist. Verbinde dich außerdem mit den Kräften der Erde, wenn du dich unsicher fühlst: Lehne dich an einen Baum, und bitte ihn, dich fest mit der Erde zu verbinden, fühle die stabilen, Halt gebenden Wurzeln – das ist eine einfache kleine Handlung, die aber dennoch sehr hilfreich und kraftspendend ist. Wenn du gut geerdet bist, fällt es dir sehr viel leichter, zu dir zu stehen. Die Natur der Erde ist stabil, fest und sicher, klar und eindeutig.

Entscheidungen zu treffen, gehört zum Menschsein dazu. Auf der Lichtebene braucht es das nicht, weil es dort nur ein Ja gibt. Engel oder andere Lichtwesen nehmen wahr, wo ihre Energie gebraucht wird, und schicken sie dorthin. Sie kommen gar nicht auf die Idee, etwas zu tun, wozu ein anderer Nein sagen müsste. Auf der Erde ist das anders. Hier müssen wir uns abgrenzen, Ja oder Nein sagen. So rufe immer dann die Kraft der Erde, wenn du dich unsicher, haltlos und instabil fühlst. Dein Weg ist gesegnet und von allen Kräften getragen, die du brauchst.

Du darfst dich in jeder Hinsicht entspannen und mutig deine Aufgaben angehen.[*]

[*] Impuls aus: Susanne Hühn & Renate Baumeister: Entfalte dein Selbst – Der Imago-Prozess oder Neuanfänge wagen, Schirner Verlag 2018.

MEHR ENERGIE IN DEIN LEBEN RUFEN

Neue Projekte bewusst mit Lichtkraft nähren

Wenn du nach der Arbeit mit den Krafttieren neue Energie verspürst, bekommst du vielleicht Lust, diese zu nutzen, um deine Projekte zu verwirklichen. Denn darum geht es ja: Je besser du auf dich selbst aufpassen kannst, desto mehr kannst du dich in deinem Leben ausbreiten und es gestalten.

Jedes Projekt und jeder Lebensbereich braucht Lebensenergie, um zu wachsen. Wenn es in einem Bereich noch ein wenig holprig läuft, dann kann es sein, dass deine Energie nicht ausreicht, um all deine Wirkungsfelder zu versorgen. Stelle dir das wie eine Wasserquelle vor: Sie hat nur eine bestimmte Durchflussmenge, und du kannst nur die Bereiche mit Wasser versorgen, für die genug Wasser vorhanden ist.

Zum Glück aber können wir jederzeit den Durchfluss unserer Energie erhöhen. Wenn du dich also in einem Lebensbereich auf der Erde verwirklichen willst, ohne die Energie woanders abzuziehen, dann bitte einfach um Hilfe. Öffne deinen inneren Kanal ein Stück weiter, und nimm wahr, in welcher Form mehr Energie zu dir kommen will. Lasse sie in dich einfließen, durch dich hindurchströmen und in deinem Leben wirken.

Wie du mehr Energie in dein Leben ziehen kannst, zeigt dir die nächste Übung.

MEHR SEELENKRAFT IN DEINEN KÖRPER ZIEHEN

Stelle dir vor, es gäbe im Inneren der Erde ein Herz. Es zieht dich und deine Seelenenergie sanft, aber stabil durch deinen Körper auf die Erde. Du spürst den Zug, und er fühlt sich sehr gut an, er lässt dir deine Freiheit und hält dich dennoch sicher am Boden. Du öffnest dich mehr und mehr dafür, nimmst vielleicht die Farbe oder die Qualität deiner Energie wahr. Mehr gibt es nicht zu tun.

Es kann sein, du spürst, dass du dich nicht weiter öffnen kannst, vielleicht nimmst du Blockaden in deinem Inneren wahr. Es ist sogar möglich, dass du diese Blockaden körperlich spürst. Habe keine Angst, das kannst du leicht ändern. Es sind meistens Gedanken oder Verhaltensweisen, die unsere Energie am Fließen hindern. Richte den Energiestrom in deiner Vorstellung genau dahin, wo du den Widerstand spürst. Sanft, aber nachdrücklich löst der Strom alles in dir auf, was ihn daran hindert, frei durch dich hindurchzufließen.

Spüre, wie nun mehr und mehr Energie durch dich hindurchfließt, wie das Herz der Erde sie sanft durch dich hindurchzieht und in sich aufnimmt. Vielleicht bekommst du einen neuen Energiestrom in einer bestimmten Farbe, vielleicht spürst du mehr Wärme, oder dein Herz schlägt rascher. Wie auch immer du es wahrnimmst, bleibe in der Offenheit, und sorge dafür, dass du immer mehr Energie in deinem Körper wahrnehmen kannst, indem du dich bewusst dafür öffnest. Je offener du bist, desto mehr Kraft bekommst du. Es ist immer genug Energie

für dich da, nimm sie einfach an. Diese dich durchströmende Energie nährt dich und alles, was zu dir gehört.

Bleibe so lange in dieser Offenheit, wie du möchtest. Fühlst du dich gut versorgt und von Kraft durchströmt, komme zurück in den Raum, in dem du dich befindest. Erinnere dich daran, dass deine Seelenenergie immer weiter durch dich hindurch ins Herz der Erde strömt.

Der Sonnenengel aus dem Kartenset »Aufstellungen mit Engeln«[*] will dir Folgendes mitteilen:

Schöpfe, wähle, handle!

Dieser Engel schenkt dir lichtvolle Feuerkraft und hilft dir, dein Licht auf der Erde in die Tat umzusetzen und dich selbst zu verwirklichen. Er hält dir den Raum, in dem du dich ausbreiten kannst, er übergibt dich der Erde, begleitet deine Seele auf ihrem Weg von ihrer lichtvollen Seelenheimat bis hin zur Materialisierung. Dabei verdichtet sich deine Energie mehr und mehr, bis du dich bei den von dir gewählten Eltern inkarnierst. Der Sonnenengel erscheint, weil er dich an deine Schöpferkraft erinnern und sie stärken will. Tatkraft ist gefragt, er schenkt dir das Feuer der Sonne, durch das das Leben überhaupt erst entstehen kann.

[*]   Renate Baumeister & Susanne Hühn: Aufstellungen mit Engeln – Mithilfe der Lichtwesen Seelenweisheit erkennen, Schirner Verlag 2012.

DAS GOLDENE EI

Dein innerer Rückzugsort

Wie wäre es, wenn du einen inneren idealen Rückzugsort hättest? Wir nennen ihn »goldenes Ei«. Gold ist die Farbe der Heilung. Würdest du dir erlauben, dich regelmäßig zurückzuziehen und dich versorgen und nähren zu lassen?

Du hast, wie du unterdessen weißt, das Recht, ja, sogar die Aufgabe, für dich selbst zu sorgen und dir das zu geben, was dich wirklich nährt und was dir guttut, egal, was die anderen sagen. Je schneller du lernst, dich mit dir selbst wohlzufühlen, desto freier und entspannter kannst du mit allem und jedem umgehen, denn du weißt nun, wo du Kraft schöpfen und dich ausruhen kannst. Das macht dich frei, auch schwierige Situationen zu meistern, und es macht dich stark, deinen eigenen Weg zu gehen. Es ist wichtig, dich immer wieder zurückzuziehen und Kraft zu schöpfen, deinen eigenen inneren Prozessen und Entwicklungen Raum und Schutz zu geben. Egal, in welcher Lebenssituation du dich befindest, in dieser Schutzhülle kannst du jederzeit aufatmen und den Dingen ihren Lauf lassen. Manches regelt sich von allein, wenn du es nur erlaubst. Gleichzeitig bekommst du in der Schutzhülle die Kraft, zu handeln, so, wie es nötig und richtig ist.

Wenn dir also alles zu viel wird, wenn dich die ganze Welt nervt und alle möglichen Ansprüche an dich gestellt werden, wenn du das Gefühl hast, du brauchst dringend einen Raum, in dem du nicht gestört wirst, dann probiere folgende Übung aus.

DEIN RÜCKZUGSORT

Mache es dir ganz bequem, schließe die Augen, und erlaube dir, dich auszuruhen. Du brauchst nichts mehr zu tun, du darfst dich ganz und gar entspannen, so gut, wie du das eben heute kannst.

Nun stelle dir vor, du liegst in einer Art goldenen Eihülle. Diese Hülle kann sehr fest und stabil sein, vielleicht ist sie aber auch weich und dehnbar oder eher wie ein Lichtschein. Sie ist genau so, wie es sich für dich gut anfühlt und wie du es heute brauchst. Du hast genug Platz in dieser Eihülle, um es dir ganz gemütlich zu machen. Das Besondere an diesem Ei ist, dass dich hier niemand stört, keiner nervt, dass du vollkommen unangreifbar bist.

In der Hülle scheint ein wundervoll goldenes Licht, das dich durchströmt und dir Kraft gibt. Es fließt überall dahin, wo es gebraucht wird, und hilft deinem Körper, Kraft zu schöpfen und neue Energie zu tanken. Du spürst, wie du dich mehr und mehr entspannst, und du atmest auf, denn hier bist du wirklich sicher und geschützt. Du brauchst im Moment vielleicht viel Zeit, um dich zurückzuziehen, denn du spürst, dass sich vieles in dir verändert. Hier kannst du dich ausruhen, und die Veränderungen dürfen einfach geschehen, ohne dass du sie erklären musst, ja, du brauchst sie nicht einmal selbst zu verstehen. Dieser Ort ist dein persönlicher Rückzugsort, hier wirst du genährt und bekommst genau die Energie, die du brauchst, um zu wachsen und dich zu entfalten. Wenn du an Engel glaubst, dann stelle dir vor, dass dein Schutzengel dieses Ei liebevoll in seinen Händen hält und mit seiner Liebe erfüllt.

Du hast in dieser Hülle die Möglichkeit, dich völlig zu entspannen, einfach einmal lockerzulassen und dich von allen Außenreizen abzuschirmen. Nutze sie immer dann, wenn dir alles zu viel wird oder du das Gefühl hast, dich selbst nicht mehr so richtig wahrzunehmen. Immer dann also, wenn du einen persönlichen Rückzugsort brauchst, lege dich in dein goldenes Ei.

Die Eihülle verändert sich, sie ist immer genau so dick, wie du sie brauchst. Einmal ist sie nur ein dünner Schleier, wenn du ein bisschen Schutz brauchst, ein anderes Mal ist sie undurchdringbar, wenn dir alles über den Kopf wächst. Genieße die Zeit mit dir selbst, fühle dich, ruhe dich aus.

Bleibe nun noch ein bisschen liegen, und wenn du so weit bist, dann komme zurück in den Raum, in dem du dich befindest. Du weißt, dieses goldene Ei ist immer bei dir, du kannst es jederzeit nutzen, egal, ob du allein bist oder mit anderen zusammen.

Geborgenheit erlebst du, wenn du nichts leisten musst, was du nicht leisten willst, in Sicherheit bist, gesehen und verstanden wirst, dich gut versorgt fühlst und für dich selbst da sein darfst.

Erschaffe dir eine Umgebung, die dir Kraft und Ruhe gibt. *

* Impuls aus: Susanne Hühn & Renate Baumeister. Entfalte dein Selbst – Der Imago-Prozess oder Neuanfänge wagen, Schirner Verlag 2018.

Du kannst noch mehr für dich tun. Hast du einen echten Rück-zugsort? Wenn nicht, dann schaue, ob du dir einen einrichten kannst. Kinder bauen sich gern Höhlen – warum solltest du dir nicht auch eine bauen? Wenn du das willst, dann lege eine Matratze auf den Boden, schütze den Raum drum herum mit einem Moskitonetz, wenn dir das gefällt, oder finde eine andere Möglichkeit, dir ein paar Quadratmeter Geborgenheit zu erschaffen, so gemütlich und kuschelig, wie du es brauchst. Es geht niemanden etwas an, wie dieser Ort aussieht. Nutze deine Lieblingsfarben, und lege alles an diesen Ort, was dir zusätzlich Geborgenheit und Wärme gibt. Ziehe in Gedanken einen goldenen Kreis um diesen Ort, einen magischen Schutzkreis, damit er sicher und geschützt bleibt. Setze dich dazu in die Mitte, und stelle dir vor, wie du einen goldenen Lichtstrahl um diesen Ort herumführst.

An diesem Rückzugsort darf Heilung geschehen. Dies ist dein hei-liger Ort, der dir Geborgenheit gibt.

REINIGUNG UND NEUE ENERGIE SCHÖPFEN

Selbstfürsorge, während du für andere sorgst

Hin und wieder nehmen wir, obwohl wir uns schützen, dennoch Energie von anderen Menschen auf, besonders wenn wir sehr mitfühlend sind. Und manchmal können und wollen wir es auch nicht verhindern. Wenn du deinen alten Vater pflegst, wenn du kranke Menschen und Tiere versorgst, wenn du dich in Situationen aufhältst, in denen du Bedürftigen zur Seite stehst, dann kannst du dich nicht so schützen, wie es nötig wäre. Liebst du jemanden, dann willst du dich nicht drastisch abgrenzen, nur, weil es ihm schlecht geht. Wenn wir wirklich für andere da sind, dann sind wir immer auch in Kontakt mit ihnen. Und dann nehmen wir immer auch ein wenig ihrer Energie in uns auf. Sinnvoll ist es allerdings, bei aller Liebe, wenn wir uns immer wieder reinigen und uns neue Kraft holen. Denn sonst sind wir selbst irgendwann bedürftig, und das hilft niemandem.

Erkenne und löse nicht mehr passende Emotionalverträge.[*]

Überprüfe die emotionalen Absprachen in deinen engen Beziehungen. Hast du versprochen, dich aufzuopfern? Dann streiche das aus dem Vertrag! Gesunde Emotionalverträge sorgen dafür, dass sich jeder frei entfalten kann. Sie unterstützen jeden dabei, sein Bestes zu geben, und schenken Raum für Veränderung. Ungesunde Emotionalverträge halten euch aneinander fest und verhindern Wachstum. Mit der nachfolgenden Übung kannst du diese Verträge und vieles andere lösen.

---

[*] Impuls aus: Susanne Hühn & Renate Baumeister: Entfalte dein Selbst – Der Imago-Prozess oder Neuanfänge wagen, Schirner Verlag 2018.

DEIN KRISTALL DER REINIGUNG

Schließe die Augen, und stelle dir eine Lichtsäule vor. Die Lichtsäule ist außen wunderbar golden, nach innen hin wird sie immer weißer.

Gehe jetzt bewusst in den goldenen Bereich. Erlaube, dass alles Schwere in dir wie Rauch nach oben aufsteigt oder in die Erde fließt. Es löst sich einfach aus dir heraus, du brauchst nichts zu tun, es geschieht von ganz allein.

Mehr und mehr durchströmt dich nun dieses goldene Licht, und je mehr Schwere aufsteigt oder nach unten sinkt, desto mehr Raum entsteht für das weiße Licht. Jetzt trittst du noch weiter in die Lichtsäule ein und bist nun mitten in diesem weißen Licht. Das Licht wirkt wie ein Lösungsmittel für alles, was jetzt noch schwer in dir ist.

Eine Lichtgestalt, dein Schutzengel vielleicht oder eine andere Wesenheit, erscheint außerhalb der Lichtsäule und hält einen Kristall in den Händen. Dieser ist stark magnetisch und reinigend. Er zieht alle Energien, die nicht mehr zu dir gehören oder dir nicht mehr dienen, aus dir heraus. Vielleicht erkennst du, dass sie noch nie zu dir gehört haben. Du spürst förmlich, wie dunkle Energien aus dir herausgezogen werden. Möglicherweise bemerkst du Spannungen oder gar Schmerzen im Körper, aber sie gehören zum Lösungsprozess.

Wenn du wahrnimmst, dass du Energie für jemanden trägst, gib sie ihm achtsam zurück. Übergib die alten Lasten an den Schutzengel der Person, für die du sie getragen hast. Reiche sie an eine lichtvolle, höhere

Kraft weiter, die weiß, was für den anderen sinnvoll ist. Der Kristall zieht immer weiter alles aus dir heraus, was dir nicht mehr dient oder einfach zu schwer ist. Mehr und mehr strömt das Licht in dich hinein.

Wenn du das Gefühl hast, für heute alles losgelassen zu haben, öffne die Augen, und komme wieder zurück in den Raum, in dem du dich befindest.

Diese Übung kannst du immer durchführen, wenn du das Bedürfnis danach hast oder dich irgendwie beschmutzt fühlst. Du wirst dich sicher wundern, wie viel dunkle Energie aus dir herausgezogen wird. Aber das macht nichts. Wir sind sehr kraftvolle Wesen und können eine ganze Menge tragen. Es wird nur Zeit, endlich mit dem Schleppen all der Lasten aufzuhören.

Du kannst auch hier noch mehr für dich tun, wenn du magst: Kristalle erinnern dich an bestimmte Qualitäten in dir und schenken dir Kraft. So schaue doch einmal, ob du nicht einen findest, der dir gute Dienste leistet. Am besten ist, du lässt dich einfach von dem Stein, dem Kristall, anziehen, der dir am besten gefällt und bei dem du ein gutes Gefühl oder ein Kribbeln verspürst. Reinige ihn besonders nach schwierigen Situationen unter fließendem Wasser, oder lege ihn ins Sonnen- oder Mondlicht. Damit er dir stets mit voller Strahlkraft zur Verfügung steht, frage dort, wo du ihn kaufst, auf welche Weise du ihn am besten reinigen kannst, denn nicht jede Methode eignet sich für jeden Stein.

Jetzt, wo du dich gereinigt hast, darfst und solltest du dir neue Kraft geben lassen.

DEINE GOLDENE LICHTNAHRUNG

Vor deinem inneren Auge entsteht eine Lichtsäule. Stelle dir dieses Licht einfach vor, oder erlaube dir, dass du es spürst.

Nun erscheinen Engel. Die Engel der Liebe und der Heilung schweben in die Lichtsäule hinein. Vielleicht spürst du sie als Wärme oder als Kribbeln, vielleicht kannst du sie auch sehen – wenn nicht, dann gehe dennoch davon aus, dass sie da sind. Sie beginnen, goldene Funken in die Lichtsäule zu streuen, und du erkennst, dass es kleine wunderschön schimmernde Herzen sind. Sie enthalten sehr viel Heilkraft und Liebe. Wie in einer Schneekugel rieseln die Herzen nun auf dich herab und in dich hinein. Die Herzen rieseln in all deine Zellen. Jede Zelle bekommt ein eigenes kleines, goldenes Herz. Immer mehr Herzen strömen auf dich herab und in dich hinein, und du nimmst sie gern in dich auf. Auch wenn du dir selbst gerade keine Energie geben kannst, so kannst du sie annehmen, und genau das tust du von nun an. Irgendwann bist du ganz und gar aufgefüllt mit Herzen, jede Zelle strahlt von innen heraus, und du fühlst dich voller Liebe und Geborgenheit, genährt und erfüllt.

Die Liebe, die wir brauchen, ist im Übermaß vorhanden, wir brauchen sie nur anzunehmen. Erinnere dich von nun an daran, dich jeden Tag mit kleinen Lichtfunken auffüllen zu lassen. Immer wenn du ein bisschen Energie brauchst, kannst du die Lichtherzen in dich aufnehmen. Natürlich kannst du sie auch an andere weitergeben. Stelle dich dazu einfach in die Lichtsäule, lasse die Herzchen und Lichtfunken für denjenigen, den du versorgen willst, in dich einströmen und aus deinem Herzen wieder heraus zum anderen hin fließen.

Alles, was dir hilft, dich spirituell zu reinigen und energetisch zu schützen, ist auch erlaubt. Sobald du das Gefühl hast, dass es dir hilft, erfüllt es bereits seinen Zweck. Lasse dich nicht verunsichern, wenn jemand anderes auf etwas schwört, was bei dir nicht den gewünschten Effekt erzielt. Vertraue darauf, dass dein Inneres dir den richtigen Weg zeigt – sei es hin zu einer heilenden Substanz, einem Gegenstand oder einem Ritual. Dein Bewusstsein während der Anwendung ist das, was zählt. Bereits dadurch, dass du dich um dein Wohlergehen bemühst, nach Wegen suchst, mit dir selbst in Kontakt zu kommen und dich zu fühlen, befindest du dich auf dem für dich richtigen Weg. Hier gilt: Wer suchet, der findet.

SCHUTZENGEL

Finde deine himmlischen Helfer

Ob du an Engel glaubst oder nicht, in diesem Buch werden wir dir natürlich auch jene geistigen Wesen vorstellen, die speziell zu deinem Schutz mit dir zur Erde gekommen sind.

Schutzengel halten und stabilisieren dein Energiefeld, während du mit deinem Leben und den dazugehörigen Aufgaben beschäftigt bist.

Sie beschützen dich, sorgen dafür, dass du tatsächlich das tust, was sich deine Seele vorgenommen hat. »Warum haben wir überhaupt Schutzengel, wenn sie im entscheidenden Moment doch oft nicht da sind?«, magst du dich fragen. Vielleicht hast du dich entschieden, nicht mehr an Engel zu glauben, weil dir diese himmlischen Botschafter sowieso willkürlich und unzuverlässig zu sein scheinen.

Ich, Susanne, habe auch nicht immer eine Antwort auf die Frage, wozu es dienen soll, dass Menschen oder Tiere leiden oder sterben. Ein zutiefst menschlicher Teil in uns kann auf die Frage »Wozu?« nur fassungslos den Kopf schütteln, selbst wenn höhere Ebenen durchaus wissen, was sie tun.

Es gibt eine Antwort, die uns aber in unserer menschlichen Vorstellung, wie Dinge sein sollten und wir sie gern hätten, nicht zufriedenstellen wird: Damit. Alles, was ist, das Leben, das Universum, die Erde, besteht nicht aus einem Grund und schon gar nicht, um uns zu dienen oder uns unsere Fragen zu beantworten. Alles, was ist, existiert, damit es ist. Auch ist alles für alles da, damit es sein kann, anderes Leben also nicht behindert oder verhindert, sondern unterstützt. Das nennt man

»Liebe«. »Dienen« ist ein anderes schönes Wort dafür – gegenseitig, bedingungslos. Alles dient allem, was wiederum dem Leben an sich dient. Das Leben hat nur einen Zweck: sich auszudehnen, mehr Leben zu produzieren, und zwar in allen erdenklichen und auch unerdenklichen Erscheinungs- und Erfahrungsformen. Ob nun ein Leben, ein Leiden oder ein Tod für uns Sinn ergibt oder nicht, ist nicht wichtig. Das Leben lebt, um zu leben, um dein, mein und unser aller Leben gelebt zu haben und um danach neue, andere Leben zu leben. Es hört nie auf.

Wenn wir Engel in unser Leben einladen, uns bewusst in ihre Obhut begeben wollen, dann ist dies für viele Menschen mit einem »dennoch« verbunden. Ja, es gibt sehr viel Leid auf der Welt, sicher auch in deinem Leben. Selbst wenn du deinen Frieden damit geschlossen hast, gibt es dennoch den äußerst traurigen und entmutigten Teil von dir, der nie verstehen wird, wozu all das Leid gedient haben soll. Doch genau dieses Leid hat dich veredelt: Es hat dich wahrhaft mitfühlend werden lassen – mit anderen, besonders aber mit dir selbst. Und dazu diente es auch. Bist du dennoch bereit, den Mut aufzubringen, dich in die Obhut von Engeln zu begeben, ihre gute Kraft zu nutzen und für dich in Anspruch zu nehmen?

Die Karte »Engel der Gnade« aus dem Kartenset »Aufstellungen mit Engeln«[*] sagt: Der Engel der Gnade ist bei dir und versichert dir, dass du frei bist, dass deine Seele Erfahrungen macht, dass du aus himmlischer Sicht unschuldig bist. Wenn es etwas gibt, für das du nach sorgfältiger und aufrichtiger Prüfung die Verantwortung übernehmen solltest, dann tue das, und mache es wieder gut.

Lasse die überholten Schuldgefühle los,
sie entsprechen nicht dem, was wirklich ist.

[*] Renate Baumeister & Susanne Hühn: Aufstellungen mit Engeln – Mithilfe der Lichtwesen Seelenweisheit erkennen, Schirner Verlag 2012.

DEINE SCHULDGEFÜHLE LOSLASSEN

Stelle dir vor, du stehst in einer perlmuttfarben schimmernden Lichtsäule. Das Licht beruhigt dich und gibt dir Kraft.

Auf einmal erscheinen Engel, die ebenfalls perlmuttfarben leuchten. Ihre Anwesenheit schenkt dir Trost und inneren Frieden. »Wir sind die Engel der Gnade«, hörst du auf einmal eine sanfte Stimme sagen. »Wir erlösen dich von allem, was schwer ist. Du hast diese Schwere lange genug erforscht, indem du sie fühlen musstest.«

Stelle dir nun vor, deine Schuldgefühle, all das, was du dir vorwirfst, strömen aus dir heraus und bilden eine dunkle Energiekugel zwischen deinen Händen. Lasse alles aus dir herausströmen, alle Schuld, alles, was du dir nicht vergeben kannst. Du musst nicht genau wissen, um welche Themen es sich handelt. Deine Absicht, alles loszulassen, was dir Schuldgefühle bereitet, genügt. Wenn alles, was heute aus dir herausfließen kann, in die Energiekugel geströmt ist, übergib sie den Engeln der Gnade. Sie lösen die Kugel durch ihr perlmuttfarbenes Licht auf und sprechen dich von aller Schuld frei. Sie lassen ihre Gnade in Form von Licht in dich einfließen und heilen dich und auch all die Situationen, die durch dich entstanden sind. Du bist frei, und du bist begnadigt. Du darfst voller Freude und in Frieden deinen Weg weitergehen.

Lasse jetzt das Bild der Lichtsäule verblassen, doch behalte das gute Gefühl in dir.

Schaue nicht auf den Schmerz. Fühle ihn, aber fokussiere dich nicht darauf. Schmerz und Leid sind nicht das, worum es geht. Angst mag deine erste Reaktion darauf sein, aber schaue dahinter. Es geht um das Leben, so, wie es nun einmal ist. Es liebt alle Wesen gleich, auch alle Erfahrungen, selbst die, die sehr wehtun. Die Frage ist: Wie gehst du mit diesen Erfahrungen um? Welche deiner Stärken und Schwächen bringen sie zum Vorschein, und was machst du mit ihnen? Bitte deine Engel, spirituellen Begleiter oder Gott selbst um Hilfe, wenn du verzweifelst und nicht weiterweißt. Jede spirituelle Sicht sieht über das Problem hinaus und wird dir deinen Weg weisen.

Wir möchten dir die folgende Übung als eine vertrauensbildende Maßnahme anbieten. Damit kannst du deine Beziehung zu deinem Schutzengel aufnehmen, sie bewusst stärken oder heilen. Dein Schutzengel ist für dich da. Er schickt dir Kraft, Sicherheit und Wärme – das Gefühl, als würde sich ein schützender Mantel um dich herumlegen.

Müssen unsere Schutzengel denn überhaupt gerufen werden, sind sie nicht sowieso da? Ja, natürlich. Wer nicht da ist, sind wir selbst.

Wenn wir unseren Schutzengel rufen, öffnen wir uns für seine Hilfe.

DEIN SCHUTZENGEL

Schließe die Augen, und atme ein paar Mal tief durch, um deine Aufmerksamkeit bewusst nach innen zu lenken, denn nur hier kannst du deinen Schutzengel spüren. Rufe ihn zu dir, und bitte ihn, sich dir zu zeigen.

Nimm wahr, wie sich dein Energiefeld auf positive Weise verändert. Du fühlst Wärme und Geborgenheit. Du kannst freier atmen. Dein Körper entspannt sich. Lasse dich in diese Kraft hineinfallen. Spüre den Schutz, die Liebe, den inneren Frieden und den Halt, die dir dein Schutzengel schenkt. Atme auf, und wisse dich geschützt. Verweile in diesem Zustand, genieße ihn.

Nimm diesen Zustand nun mit in deinen Alltag. Dein Schutzengel ist immer bei dir und für dich da.

Denkst du vielleicht: »Ich spüre nichts außer ein bisschen Wärme und vielleicht einen Hauch Frieden.«? Was, wenn diese Wärme und dieser Hauch Frieden schon der ganze Zauber wären?

Schutzengel kommen nicht mit Pauken und Trompeten daher, zumindest nicht für gewöhnlich. Sie sind einfach da, leise, still, friedlich. Es ist unsere Aufgabe, uns dafür zu öffnen, sie zu spüren. Sie wirken immer, auch dann, wenn du sie nicht wahrnimmst. Indem du übst, sie bewusst zu rufen, kannst du den Schutz verstärken und die Verantwortung dafür übernehmen, beschützt zu sein. Das holt dich aus der Angst und bringt dich in deine Selbstverantwortung.

Dein Vertrauen in eine spirituelle Antwort und Lösung ist wichtig. Es kann sein, dass dich ein angenehmes Gefühl durchströmt, du Licht siehst, eine Vision hast oder eine Stimme vernimmst. Vielleicht hörst, siehst oder spürst du aber auch nichts. Die spirituelle Unterstützung, die dir zuteilwird, ist in beiden Fällen die gleiche. Sie hängt nicht von deiner Überzeugung ab oder davon, ob du etwas wahrnimmst. Entscheidend ist nur, wie ehrlich du um Hilfe bittest und mit wie viel Vertrauen du dir beistehen lässt. Blindes Vertrauen ist da oftmals gar nicht verkehrt. Denn dadurch, dass du um Beistand bittest, gibst du ja bereits zu, dass du mit deinem Latein und deinen Kräften am Ende bist. Also lasse dir helfen. Je mehr du Hilfe zulässt, umso mehr kann und wird dir geholfen werden. Vertraue.

NERVENSCHUTZ FÜR DEN ALLTAG

Errichte eine Schutzhülle für deine Empfindungen

Manchmal fühlen wir uns dünnhäutig, irgendwie durchsichtig, wir haben das Gefühl, dass unsere Nerven blank liegen. Uns ist alles zu viel, wir sind zu empfindsam, sind traurig, ohne zu wissen, warum, und fühlen uns ausgeliefert und ungeschützt. Welche Ursachen das auch haben mag, hier hilft spiritueller Nervenbalsam, der sich wie eine Schutzhülle um die Nervenbahnen legt.

Musst du die Welt eigentlich so nah an dich heranlassen? Wenn ja, warum denkst du, dass von dir mehr verlangt wird, als du geben kannst? Und warum meinst du, es dennoch geben zu müssen? Vielleicht bist du es selbst, der zu viel von dir verlangt.

Wenn dir die jetzige Situation lapidar vorkommt, es keinen Grund dafür zu geben scheint, allzu emotional zu reagieren oder sich so erschöpft zu fühlen, du es aber dennoch tust, dann hast du bestimmt vorher Raubbau an dir selbst betrieben. Das ist, als hätte man am Tag zuvor zu viel Alkohol getrunken. Man war beschwipst, fühlte sich gut, wollte gern noch etwas mehr trinken und tat das dann auch. Die Quittung kommt erst tags darauf: Nun fühlt man sich gar nicht mehr gut, hat körperlich, aber auch emotional einen Kater und bereut, dass man nicht rechtzeitig aufgehört hat. Gleiches gilt für emotional belastende Situationen, die man oft unterschätzt. Ehrlich dir selbst gegenüber zu sein, hilft dir, dir klar darüber zu werden, was hinter deinem »Kater« stecken könnte. Deine Gefühle stimmen immer, sie lügen nicht. Also höre auf sie, und kümmere dich sofort um dich.

Zunächst ein klein wenig Anatomie, damit du dir das Bild des Nervenbalsams besser vor Augen führen kannst: Aus dem Gehirn und dem Rückenmark, wo die Nervenzellen sitzen, verlaufen lange Nervenbahnen bis hin zu jedem Muskel und jedem Organ. Stelle dir das vor wie ein riesiges Netzwerk von Nervenbahnen, die teilweise über einen Meter lang sind und die Konsistenz halb gekochter Spaghetti haben. Diese Nervenbahnen sind von einer Myelinschicht umhüllt, die mit der Isolierung eines Stromkabels vergleichbar ist. Diese Schicht genügt manchmal einfach nicht, und dann brauchen wir einen zusätzlichen Schutz.

DER SILBERSEE

Schließe die Augen, und gehe in deiner Vorstellung durch ein Tor. Du findest hinter dem Tor eine wundervolle Landschaft. Ein ruhiger, silbern schimmernder See liegt vor dir. Er ist angefüllt mit einer genau auf dich abgestimmten Nährflüssigkeit. Sie hat die ideale Temperatur. Du gehst zum Ufer und ziehst dich aus. Zusammen mit den Kleidern legst du auch den Stress ab. Du gehst in den See hinein. Entspannt lässt du dich treiben.

Stelle dir jetzt vor, diese silbrige, nährende Flüssigkeit strömt in dich ein und legt sich schützend um die Nervenbahnen im ganzen Körper. Augenblicklich fühlst du dich sicherer, wärmer und innerlich ruhiger. Du spürst dich selbst wieder, deine Energie bleibt bei dir und fließt genau dahin, wo sie gebraucht wird. Du fühlst dich stabiler und versorgt, ruhst in deiner Mitte und kannst nun besser tun, was eben zu tun ist.

Vertraue deiner Widerstandskraft.
Du bist stabiler, als du glaubst.*

Es gibt einen sehr widerstandsfähigen Teil in dir, der dich hält. Ihm darfst du vertrauen.

Stress kann man sich nur selbst machen. Nichts in der Welt kann dich aus der Ruhe bringen, es sei denn, du lässt es zu. Wenn du es bereits zugelassen hast, also gestresst bist, dich kränklich und weinerlich, dünnhäutig und empfindlich oder missmutig und aggressiv fühlst, dann brauchst du die Erlaubnis, den Stress loszulassen und zur Ruhe zu kommen. Diese Erlaubnis hast du, du musst sie dir nur geben. Nur du kannst mit den Rechtfertigungen aufhören, weshalb du dir bisher keine Ruhe gegönnt hast und das auch jetzt nicht tust. Es gibt keinen Grund, dich nicht um dich zu kümmern, um deine Bedürfnisse, deine Not. Du kannst es dir nicht leisten, deine Warnzeichen zu ignorieren. Sie sind da, um dich darauf hinzuweisen, dich zu schützen, zu pflegen, zu umsorgen. Warum? Ganz einfach, weil es dein Leben ist und es niemanden sonst gibt, der es für dich leben kann. Wenn du dich nicht zuständig fühlst, dann verkommt es wie ein leer stehendes Gebäude. Bald gibt es dann kein Wasser und keinen Strom mehr, das Dach, die Fenster und die Türen werden undicht. Es wird feucht, schimmlig und letztendlich unbewohnbar. Also lasse es nicht so weit kommen, handle jetzt. Kümmere dich um dich selbst, um dein Wohlergehen. Höre auf deine Warnzeichen. Wenn ein Signal aufleuchtet, ist bereits etwas im Argen. Du musst nicht so lange warten. Übe jetzt, wie du dich im Alltag schützt, nicht erst dann, wenn dir das Wasser bis zum Hals steht.

---

*   Impuls aus: Susanne Hühn & Renate Baumeister: Entfalte dein Selbst – Der Imago-Prozess oder Neuanfänge wagen, Schirner Verlag 2018.

WILL ICH DAS?

Schütze dich mit deinem Ja und deinem Nein

Ein äußerst wichtiger Schutz ist dein Ja oder Nein. All die Schutztechniken nutzen nichts, wenn du dich in einer Situation befindest, der du dich längst hättest entziehen sollen, in der du nicht deine Wahrheit sagst oder gar nicht erst spürst, was dein Inneres dir zeigen will. Wenn alles in dir ruft, endlich das Geschäftsmeeting zu verlassen, ein privates Gespräch abzubrechen oder den Hörer aufzulegen, dann kannst du nicht gegen dein inneres Warnsystem ankämpfen, indem du dich in noch eine Lichtsäule hüllst. Spiritueller und emotionaler Schutz dient dazu, dein System zu beschützen, er hilft dir aber nicht dabei, dich weiterhin selbst auszubeuten oder dich ausbeuten zu lassen.

Erlaube dir von nun an die Frage:
»Will ich das?«, und beantworte sie ehrlich.

Die Antwort auf diese Frage ändert zwar noch nichts an deiner Situation, aber zumindest kommst du deiner eigenen Wahrheit etwas näher. Indem du dir zuhörst, sinkt dein Stresslevel ganz automatisch. Wenn du dich beschwichtigst, deine Gefühle unterdrückst und diese innere Stimme, die dir ganz genau sagt, was dir guttut und was nicht, zum Schweigen bringst, dann nutzen dir all der Schutz und die Reinigung nichts. Warum nicht? Weil du dich selbst ausgeschaltet hast. Schutz und Reinigung dienen dazu, deine innere Quelle zu stärken, und sie unterstützen dich auch immer dabei, wahrhaftiger, innerlich aufrechter und klarer zu werden. Irgendwann also musst du dich mit dir selbst auseinander- oder vielmehr zusammensetzen, dir die Frage »Will ich das?« ehrlich beantworten und Konsequenzen ziehen. Und genau daran scheinen viele Menschen immer wieder zu scheitern. Hier setzt meist der Widerstand ein, hier verlassen viele den Weg der Klarheit und bleiben im Sumpf der Trägheit und Angst stecken.

Fordern wir dich auf, dein Leben zu ändern? Nun ja, wenn du den Wunsch hast, mit bestimmten Verhaltensweisen aufzuhören, dann schon. Beginne mit den Bereichen, in denen es dir gerade möglich ist und deren Veränderung dir das Gefühl gibt, deine Selbstbestimmung wiederzuerlangen. Musst du zum Beispiel immer ans Telefon gehen, wenn es klingelt? Bist du aus lauter Angst, etwas zu verpassen oder deinen Job zu verlieren, wenn du einmal nicht parat stehst, ständig verfügbar? Erlaubst du, immer wieder aus dem Flow gebracht zu werden, weil jemand etwas von dir will? Wenn du Kinder hast, lässt sich das natürlich nicht vermeiden, aber häufig bekommst du gar nicht mit, wie oft du dich selbst und den inneren Fluss deiner Konzentration tatsächlich verlässt. Das fühlt sich für deine Nerven ähnlich an wie Werbeunterbrechungen in einem wirklich berührenden Film. Du wirst aus deinen Emotionen herausgerissen, musst deine Aufmerksamkeit urplötzlich Situationen oder Menschen, die meistens nicht einmal um Erlaubnis fragen, zuwenden – dies ist übrigens eine der anerkannten Ursachen für Stress.

*Du darfst aufhören, dich der Bedürftigkeit anderer auszuliefern.**

Das, was du anderen gibst, damit sie dich lieben und nicht verlassen, brauchst du selbst am allernötigsten. Erlaube dir, deine Aufmerksamkeit auf dich zu richten und dich selbst an erste Stelle derer, die von dir gerettet werden müssen, zu setzen.

Allein die Bereitschaft, dich aus deinem Flow reißen zu lassen, sorgt für ein erhöhtes Stresslevel und lädt zusätzliche Belastung und die Pro-

---

*   Impuls aus: Susanne Hühn: Ich bleib bei mir – Kraftvolle Impulse für den Ausstieg aus der Co-Abhängigkeit, Schirner Verlag 2019.

bleme anderer ein wie eine offene Haustür ungebetene Gäste. Denen kannst du keinen Vorwurf machen, denn deine Tür steht ja offen. Dass sie gleich in die Küche gehen und sich am Kühlschrank bedienen, ist ihnen auch nicht zu verdenken, wenn sie wissen, dass dieser voll ist. Du hast ihn für den Fall, dass Gäste kommen, aufgefüllt und wegen deiner Angst vor dem, was diese sagen würden, wenn du ihnen nichts anbieten könntest. All das kannst du nur dir selbst vorhalten.

Wenn du Marmelade auf das Fensterbrett stellst, werden Fliegen kommen. Also sei dir bewusst, welche Signale und Energien du durch dein Verhalten und deine Bereitschaft, auch über Gebühr für andere da zu sein, aussendest. Der Stress, den du als Konsequenz für diese Selbstaufopferung bekommst, zu der du dich bewusst oder unbewusst bereit erklärt hast und die dann von deiner Umwelt eingefordert wird, ist echt und realistisch. Aber selbst dann, wenn du schon mitten im Stress bist, kannst du in jedem Moment Nein sagen, wenn du es dir erlaubst. Wiegt deine Angst, man könnte schlecht von dir denken, allerdings schwerer als die Wichtigkeit, die du dir selbst beimisst, dann hast du keine Chance. Es ist diese Angst, die für den eigentlichen Stress sorgt, nämlich deine Dauerbereitschaft, die dazu führt, dass du lieber nachts mit einer offenen Haustür schläfst für den Fall, dass jemand dich oder deine Hilfe braucht. Dass du den Kühlschrank immer schön

gefüllt hast, falls jemand unangekündigt zu Besuch kommt. Und dass du sogar, zumindest in Gedanken, mit Klamotten ins Bett gehst, damit du auch immer sofort zur Verfügung stehen kannst, wenn jemand etwas braucht. Diese Belastung hält niemand auf Dauer aus, auch du nicht. Und sie ist weder für dich gesund noch anderen hilfreich. Gäste kommen nur dann unangekündigt, wenn sie wissen, dass sie das bei dir können. Es ist nicht ihr Fehler, sondern deiner. Du hast für dich keine Grenzen gesetzt. Wenn du sie setzt, hilft es auch anderen, sich angemessen zu verhalten. Denn sie können keine Grenzen für dich setzen, nur auf sie reagieren. Wenn keine da sind, gibt es nichts, worauf sie reagieren können.

Auf die Frage »Störe ich?« darfst du durchaus mit einem »Ja, im Moment schon!« antworten. Das klingt hart, ist es aber nicht, sondern lediglich klar. Wenn du erlaubst, dass du gestört wirst, dann funktioniert dein natürlicher energetischer Schutzschild nicht richtig. Oder vielleicht ist er gar nicht aktiviert, wenn du dich leicht von dem für dich Wesentlichen ablenken lässt. Nur weil dir der Zustand deines Schutzschildes vermutlich nicht bewusst ist, können andere überhaupt auf die Idee kommen, du seiest verfügbar. Nun, du bist es in dem Fall, wenn auch zähneknirschend. Erlaubst du dir hingegen, bei dir zu bleiben, und nimmst du deinen inneren Flow ernst und als Auftrag deiner Seele an, dann sorgt dieses Bewusstsein automatisch dafür, dass du nicht gestört wirst.

Hast du einmal bewusst erlebt, wie deine Aufmerksamkeit zersplittert, wenn du dich immer wieder ablenken lässt, dann wirst du nicht mehr so leichtfertig mit deiner Konzentration umgehen. Wenn dich zum Beispiel ein Kundenberater einer Firma anruft, den du gar nicht um Hilfe gebeten hast, dann ist es zwar nicht nett, einfach aufzulegen, aber es ist noch viel weniger nett, dich in ein Gespräch zu verwickeln. Es ist übergriffig, dir Zeit zu stehlen und dich zu nötigen, dich abzugrenzen, obwohl du vielleicht gerade mit etwas Wichtigem oder Wunderschönem beschäftigt bist. Gehe nicht ran, oder lege auf. Denn dein

Flow ist wichtiger als ein paar höfliche Worte – oder kannst du hinterher einfach so weitermachen? Findest du den Faden dessen, worauf du dich konzentriert hast, wirklich so leicht wieder, dass du es dir leisten kannst, ihn einfach zwischendurch fallen zu lassen?

ÜBUNG

DEINEN EIGENEN WILLEN ERKENNEN

Stelle dir einmal am Tag, besser noch einmal jede Stunde, die Frage: »Will ich das?«, und lausche in dich hinein. Spüre deine Antwort, und erlaube dir, wenn es dir möglich ist, dementsprechend zu handeln. Sicher kannst du nicht deinen Job kündigen, nur weil er dich gerade nicht erfüllt. Aber du kannst dich einer kleinen, unbedeutenden Situation entziehen, wenn du dich in ihr nicht mehr wohlfühlst. Du kannst dich ein paar Minuten in ein gemütliches Café setzen, wenn deine innere Stimme auf die Frage »Will ich das?« mit einem freudigen Ja antwortet. Du kannst dir die Zeit für einen kurzen Spaziergang nehmen, und du kannst dir erlauben, einmal nicht ans Telefon zu gehen, weil du gerade beschäftigt bist – und sei es, um dich zu fragen, was du eigentlich willst.

Dein eigenes Energiesystem ist stärker, als du vielleicht glaubst, und wenn deine Kräfte auf ein Ziel ausgerichtet sind, dann bist du nicht so leicht angreifbar. Das Ziel ist immer das, was du im Moment willst, kein hehres Ziel am Ende des Lebens, sondern ein Zielchen, das du gerade jetzt verwirklichen willst, beispielsweise deinem Partner einmal wieder zu sagen, wie sehr du ihn liebst. Auch das ist übrigens ein guter spiritueller Schutz: Lasse deine Liebe einmal wieder ein bisschen freier fließen.

Sei achtsam mit dir selbst.

Achtsam sein ist das Gegenteil von unachtsam sein.

Unachtsam ist, nicht auf deine innere Stimme zu achten, die dir laut und deutlich signalisiert, wann du etwas willst und wann nicht. Deine innere Stimme will, dass du gesund bleibst und so wenig wie möglich Kraft verplemperst. Also sei achtsam. Schenke dir selbst Aufmerksamkeit.

Du brauchst dich nicht zu wundern, wenn andere dein Ja oder Nein nicht hören, wenn du es nicht einmal selbst tust. Und »hören« meint nicht nur, dass du es wahrnimmst, sondern vor allem, dass du darauf hörst. Wenn also etwas in dir, sei es ein Gefühl, eine Ahnung oder deine Vernunft, Ja oder Nein sagt, dann gilt es nur, wenn du auch dementsprechend handelst. Denn es liegt in deiner Verantwortung, deiner inneren Stimme zu folgen. Wenn du sie ignorierst, dich durch Argumente oder die Stimmen und Meinungen anderer vor deiner Verantwortung dir selbst gegenüber drückst, verlernst du, deine Warnsignale zu erkennen. Und dann kann auch deine Umwelt nicht darauf reagieren. Sie glaubt dir nicht, sie nimmt dich nicht wahr oder ernst, genauso wenig wie du dich selbst.

Hier sind ein paar typische Verhaltensmuster, wenn du die Verantwortung dir selbst gegenüber nicht übernimmst:

- Du erlaubst dir keine Ruhe- und Erholungsphasen.
- Du willst und musst jederzeit erreichbar sein.
- Du kannst nicht Nein sagen.
- Du traust dich nicht, zu sagen, was du willst.
- Du hast stets ein offenes Ohr für andere, egal, was du gerade machst.

- Du hast den Anspruch an dich, stets Lösungen für alles und jeden zu finden.
- Du richtest den Blick auf das, was du nicht geschafft hast, statt dich für das zu loben, was du erreicht hast.
- Du denkst viel darüber nach, was andere über dich denken könnten, und du handelst entsprechend.
- Du hast Angst, die Gefühle anderer zu verletzen, und schützt diese, anstatt dich selbst zu beschützen.

Du erkennst dich in dem einen oder anderen Punkt wieder, richtig? Wie aber kannst du deine Einstellung ändern? Zunächst ist es wichtig, einzugestehen, dass du dich selbst in diese ungesunden Muster hineinmanövriert hast. Natürlich glaubt jeder in deiner Umgebung, es sei selbstverständlich, dass du jederzeit parat stehst. Aber das stimmt nicht. Es ist lediglich ein Angebot, das du gemacht hast und das du jederzeit zurückziehen kannst. Die goldene Acht (S. 34) leistet gute Dienste, wenn du deinen Schutz wiederherstellen willst.

Deine Wahrheit zu sagen, wirklich du selbst zu sein, bedeutet viel. Nur so kannst du genau den Zweck erfüllen, den du in Wahrheit hast, und bist nicht einfach nur der Erfüllungsgehilfe anderer.

Du wirst als das gebraucht, was du bist.

Herauszufinden, wer du wirklich bist, braucht Mut. Mache dir die Mühe, dir darüber klar zu werden, was du wirklich willst, auch wenn es unbequem für andere oder für dich selbst ist.

Ein Baum ist ein Baum, und er bleibt es auch, egal, was um ihn herum geschieht. Er geht nicht zur Seite, auf jemanden zu oder duckt sich, nur weil er merkt, dass er im Weg steht oder dass jemand Hilfe

braucht. Er steht genau dort, wo er nun einmal steht, und er bleibt es auch, ohne auch nur mit einem Zweig zu zucken. Der gesamte Wald funktioniert dadurch, dass jedes seiner Mitglieder genau das ist, was es ist, und genau die Funktion erfüllt, die es dadurch hat. Ob Baum, Tannennadel oder Laub, Insekt oder Pilz, Strauch oder Waldbeere, Wildschwein oder Hase – alles ist gleich wichtig und wird von der Ganzheit des Waldes genau so benötigt, wie es eben ist.

Du bist zwar kein Baum, und die Gesellschaft ist kein Wald, aber es ist vergleichbar. Du erfüllst deine wahre Funktion dann für alle am besten, wenn du du selbst bist, und nicht, wenn du versuchst, zu funktionieren, indem du dich unter Druck setzt. Du erfüllst deine wahre Funktion nicht, wenn du versuchst, die Erwartungen anderer zu erfüllen und so zu sein, wie du glaubst, dass sie dich gern hätten. Den Unterschied merkst du deutlich: Das eine fühlt sich natürlich an, und du erlebst es ohne Anstrengung, das andere ist voller Stress, Forderung und Druck.

Wenn du nicht mehr erlaubst, für Störendes zur Verfügung zu stehen, dann bleiben diese Anforderungen an dich auch nach und nach aus, das versprechen wir dir.

ABSTINENZ

Vermeide schädliches Verhalten

Um dich schützen zu können, musst du wissen, wie dein Gehirn funktioniert. Es gibt dort ein Areal, das dafür sorgt, dass du verführbar bist: dein sogenanntes Lustzentrum. Das ist ein Teil des limbischen Systems, des Emotionalhirnes, und es reagiert auf Lust versprechende Außenreize mit der Produktion von Glückshormonen. Genau hier setzt jede Werbung an, indem sie Bedürfnisse aktiviert, die du nicht kontrollieren kannst, weil sie in dir angelegt sind. Dazu gehören zum Beispiel die nach Nahrung, Schutz, Liebe und Sicherheit. Diese Grundbedürfnisse zu haben, ist vollkommen in Ordnung. Sie steuern unser Verhalten und sorgen dafür, dass es uns gut geht.

Lassen wir uns allerdings unbewusst von ihnen leiten, dann fallen wir darauf herein, wenn uns Folgendes versprochen wird:

- schneller Energiegewinn durch Fett, Zucker oder Kohlehydrate: Und schon haben wir den Schokoriegel oder das Fast Food gekauft.
- Sicherheit und Machtgewinn durch sexuelle Verführungskraft: Die gesamte Kosmetikindustrie lebt davon, dass wir attraktiv sein wollen.
- das Vergessen von körperlichen und emotionalen Schmerzen durch Substanzen wie Alkohol oder andere Drogen: Die Schmerzmittelindustrie und natürlich jeder, der alkoholische Getränke produziert, ist davon abhängig, dass wir uns betäuben wollen.
- das Gefühl von Liebe und Wertschätzung durch das Lob eines anderen: Das Innere Kind tut beinah alles für ein Lächeln, selbst wenn es sich dabei verleugnen und gute Miene zum bösen Spiel machen muss.
- sich wertvoll und geliebt fühlen, weil wir gebraucht werden: Wir lassen uns ausnutzen und sagen Ja, wenn wir um Hilfe gebeten werden – falls

wir überhaupt gebeten werden. Oft genug werden wir sogar ungefragt in Anspruch genommen und lassen das zu, um uns wertvoll und zu etwas nutze zu fühlen. Wir haben die Menschen in unserer Umgebung verzogen, indem wir ihnen das erlaubt haben.

- sich machtvoll fühlen, weil wir mehr als andere besitzen: Wir zwingen uns selbst, im Hamsterrad der Selbstausbeutung zu bleiben, indem wir uns über unseren Besitz definieren und uns Statussymbole anschaffen, statt uns um uns selbst zu kümmern. Schaffe dir an, was dich glücklich macht, aber nicht, um besser zu sein als andere – das ist toxisch.
- Sicherheit erleben, weil wir Teil einer Gemeinschaft sind, irgendwo dazugehören: Wir unterliegen dem Gruppenzwang und passen uns einer Gemeinschaft an, ohne zu hinterfragen, ob wir uns überhaupt in ihr wohlfühlen, ob sie uns guttut und ob wir ihre Werte teilen.

*Du darfst dich von dem fernhalten, was dir schadet,
sei es Alkohol, eine ungesunde Beziehung oder ewiges Jammern.*

Erlaube dir, dir selbst treu zu sein, auch wenn das bedeutet, dass du dich von anderen getrennt fühlst oder meinst, sie zu verraten.

Wenn du dir deine ganz natürlichen Bedürfnisse auf ungesunde und unbewusste Weise erfüllst, dann wirst du sehr abhängig von anderen Menschen, Situationen oder einem Stoff. Meistens ist es dein Inneres Kind, das um Liebe und Fürsorge bettelt. Nimm es in den Arm, und gib ihm Schutz, damit es diesen nicht im Außen suchen muss. Sicherheit und Liebe für dein Inneres Kind findest du immer nur in dir, dort aber zuverlässig und für immer.

* Impuls aus: Susanne Hühn: Ich bleib bei mir – Kraftvolle Impulse für den Ausstieg aus der Co-Abhängigkeit, Schirner Verlag 2019.

Emotionaler und spiritueller Schutz funktionieren nur bedingt, wenn du süchtig nach etwas bist, zum Beispiel nach Alkohol, Drogen, Essen, Beziehungen, Kommunikation, Aufregung oder danach, andere zu retten.

Wann reden wir von »Sucht«? Du kannst davon ausgehen, dass du ein Suchtproblem hast, wenn du keine Kontrolle über dein Verlangen hast. Immer wenn du denkst, du kannst nicht anders, als in dein schädliches Verhalten zu fallen, bist du zumindest tendenziell süchtig. Ein weiteres Zeichen für eine Sucht ist, wenn du nicht aufhören kannst, dir selbst zu schaden, obwohl du es bemerkst und Stopp sagen willst. Du kannst es einfach nicht.

Vor diesen Zuständen müssen wir uns ganz besonders schützen. In diesem Zusammenhang heißt der Schutz »Abstinenz«. Hättest du ein Problem mit Alkohol, ginge es darum, das erste Glas stehen zu lassen. Bezogen auf eine missbräuchliche Beziehung hieße das, sie um jeden Preis zu vermeiden.

Abstinent zu sein, heißt, wir gehen nicht hin, und wenn es uns noch so zieht.

Das ist eine der schwierigsten Aufgaben überhaupt. Wenn uns eine Situation immer wieder herunterzieht und schadet, wir uns aber dennoch wie magisch von ihr angezogen fühlen, dann sollten wir unser Suchtverhalten und unser Mangelbewusstsein betrachten.

Damit wir zur Ruhe kommen und eine echte Wahl treffen können, wie wir leben wollen, müssen wir ein wenig mehr infrage stellen als nur unser eigenes Verhalten. Denn vieles, was wir täglich erfahren und erleben, triggert unsere Ängste, weil wir fühlen und innerlich wissen, dass einiges schiefläuft. Wir leben in Angst, fühlen uns ohnmächtig in dem Wissen, dass wir gesellschaftlich am Scheideweg stehen. Um diese existenzielle Ohnmacht zu kontrollieren oder nicht fühlen zu müssen, greifen wir zu unserer jeweils bevorzugten Droge.

Ein weiser Mann sagte einmal: »Wenn du keinen Haarschnitt willst, dann gehe nicht zum Friseur.« Wenn es dir nicht gefällt, dir die Haare schneiden zu lassen, du es aber trotzdem machen lässt, dann brauchst du dich nicht darüber zu beschweren, denn du bist ja zum Friseur gegangen.

Wenn nun das »Haareschneiden« eine missbräuchliche Situation ist, in der du dich wunderst, dass du es doch wieder dazu hast kommen lassen, dir deine Zeit hast stehlen lassen, dich für die Probleme anderer hast einspannen lassen, dann kannst du dich selbstverständlich über die anderen beschweren. Worüber du dich aber eigentlich beschweren müsstest, bist du selbst. Warum bist du hingegangen? Warum hast du dich wieder zur Verfügung gestellt? Warum hast du nicht Nein gesagt? Es wäre verständlich, wenn du dich dann erst einmal über dich selbst ärgern würdest. Es wäre auch näher an der Wahrheit dran, denn du hast nicht auf dich aufgepasst, nicht deine Grenzen gesetzt und eingehalten.

Abstinent werden und bleiben scheint schwierig, ist aber leichter, als du denkst. Denn du musst nicht auf alles verzichten, dich komplett isolieren oder aus Angst, etwas könnte dir schaden, alles und jeden ablehnen. Wenn du weißt, was dein »Friseurladen« ist, welche Situationen und Personen dir nicht guttun, dann kannst du diese vermeiden. Oft führt eine Situation, die für dich nicht gesund ist, dazu, dass du dich missbrauchen lässt, weil du denkst, dass du keine Möglichkeit mehr hast, anders zu handeln, wenn du einmal in der Situation bist. Du fängst aber auch an, dich anderen ähnlichen Situationen auszusetzen und am Ende sogar dir selbst zu schaden. Es ist, als wärst du betrunken und würdest deshalb noch mehr trinken. Du denkst dir: »Jetzt ist es auch egal!«, und machst weiter, kompensierst deine Machtlosigkeit mit Alkohol, Schokolade, Zigaretten oder missbräuchlichen Beziehungen. Du arbeitest zu lang und zu viel, bist nur noch für andere da und vernachlässigst dich selbst völlig. Es ist eine Abwärtsspirale. Versuche daher, das sogenannte erste Glas stehen zu lassen, weil genau dieses dich dazu verführt, das zweite, dritte und zehnte zu trinken.

Bevor du in deinen »Friseurladen« gehst, hast du eine Wahl. Bist du erst einmal drin, bekommst du einen »Haarschnitt« und kannst dich nur noch danach darüber beschweren. Noch einmal: So etwas geschieht nicht von selbst, und der »Friseur« kann dich zu nichts zwingen. Wenn du dich entschieden hast, ihn aufzusuchen, musst du dich selbst für die Konsequenzen verantwortlich machen.

Nimm dir deine Freiheit zurück, lasse Angst und Abhängigkeit auslösende Situationen hinter dir. Sie tun dir nicht gut, sondern können dir nur schaden – egal, was sie dir als Gewinn auch versprechen mögen.

Viel sinnvoller, als süchtig zu reagieren, ist es,
dich besser um deine Bedürfnisse zu kümmern.

Damit du die Verantwortung dafür übernehmen kannst, dich nicht von deinen eigenen ungestillten Bedürfnissen verführen zu lassen, musst du sie natürlich kennen. Wie findest du heraus, welche Situation für dich schädlich ist, welche dein »Friseurladen« ist? Durch Ehrlichkeit. Lasse uns zusammen genauer hinschauen.

Nimm dir ein Blatt Papier und einen Stift, und schreibe ganz spontan die Antwort auf folgende Frage auf:

Welche Situation würdest du sofort ändern, wenn du könntest, weil du weißt, dass sie dir schadet?

Fertig? Sehr gut! Es ist eine große Leistung, hinter die eigenen Kulissen zu schauen.

Jetzt schreibe auf, wie du diese Situation bewusst oder unbewusst herbeiführst, wie du in diese spezielle Falle hineintappst. Mit welchem Schritt beginnt sie? Gehst du zum Beispiel beim Einkaufen zum Süßigkeitenregal, nur um einmal zu schauen, was es Neues gibt, obwohl du gar nichts kaufen willst? Rufst du eine Freundin an, um nur einmal schnell zu hören, wie es ihr geht, obwohl du weißt, dass sie dich in ihr emotionales Drama hineinziehen wird? Gehst du mit einem Mann aus, weil du dich zu ihm hingezogen fühlst, obwohl du genau weißt, dass seine Probleme wie eine Droge für dich sind?

Vervollständige den folgenden Satz:

Wenn ich ganz ehrlich bin, dann gerate ich in Schwierigkeiten, wenn ich ...

Der beste Schutz ist, ab sofort solche Situationen zu vermeiden. Musst du zugeben, dass du ein Suchtproblem hast, dann weißt du auch, dass du Hilfe brauchst. Suche dir bitte Hilfe, wenn du erkennst, dass du an einer Sucht erkrankt bist.[*]

Das nachfolgende innere Bild hilft dir im Alltag, wenn du feststellst, dass du dich in einer Situation befindest, die deine Sucht auslöst.

---

[*] Links zu Selbsthilfegruppen findest du auf S. 171.

DEIN DICH SCHÜTZENDER UMHANG

Stelle dir einen weißen Umhang mit Kapuze vor. Lege ihn dir um. Er verhüllt dich vollkommen und versiegelt augenblicklich deine Aura. Du bist jetzt nicht mehr wahrnehmbar, und dein Suchtmittel kann dich nicht mehr triggern. Du bist wie in einer anderen Dimension, vollkommen geschützt und abgeschirmt. Jetzt hast du die Freiheit, die Situation zu verlassen. Tue das augenblicklich oder so rasch wie möglich.

Probiere dies jetzt, beim Lesen, aus, damit du ein wenig Übung erlangst und weißt, wie es sich anfühlt, völlig geschützt zu sein. Du bist mithilfe dieses Umhanges unangreifbar, nimmst vielleicht deine Umgebung nicht mehr richtig wahr, sondern bist wie von einer Energiehülle umgeben. Wenn die Situation vorbei ist, löse diese Umhüllung auf, damit du wieder voll und ganz präsent bist.

Trage den Schutzmantel von nun an in Gedanken immer bei dir, und lege ihn dir um, wenn du dich unsicher fühlst.

Es ist völlig egal, wie andere eine für dich schwierige Situation beurteilen und ob sie damit umgehen können – du kannst es nicht, also brauchst du Hilfe. Immer wenn du Unsicherheit und Angst spürst, legst du dir den weißen Schutzmantel um, damit du wieder stabil und handlungsfähig wirst. Selbstverständlich solltest du dir auf die Dauer die Fähigkeit aneignen, für dich bedrohliche Situationen zu meiden, dich nicht immer wieder selbst den Wölfen zum Fraß vorzuwerfen. Du musst nicht lernen, mit allem umzugehen, sondern, die Situationen zu erkennen, mit denen du nicht umgehen kannst. Lieblose und ausbeuterische Situationen musst du nicht meistern, indem du sie aushältst. Du darfst und solltest sie verlassen.

Beruhige dich, und ziehe dich zurück, wenn nötig. Gebet und Meditation können dir dabei helfen. Dann kläre für dich, welche Ängste und Zwänge hier am Werk sind. Warum bist du in dieser Situation, und warum meinst du, sie aushalten oder ausbaden zu müssen? Was wäre das Schlimmste, das passieren könnte, wenn du dich ihr entziehen, einfach nicht mitmachen würdest? Sind es deine Ängste, die dich davon abhalten, oder die der anderen? In wirklich lebensbedrohlichen Situationen bist du zu echter lebensrettender Intuition fähig, weißt also instinktiv sehr genau, was du zu tun oder zu lassen hast. Bist du aber in Zwänge verstrickt, zum Beispiel in deiner Beziehung, die dich an der Leine halten, damit du bei Bedarf zur Verfügung stehst, dann hinterfrage sie. Die Angst gaukelt dir vor, dass du allein sein und einsam sterben wirst, wenn du deine Beziehung beendest. Aber egal, was du machst, du wirst deswegen nicht sterben. Erinnere dich an das, was wir vorhin besprochen haben. Es gibt keine Fehler, und niemand kann dein Leben leben oder dir sagen, wie du es zu führen hast. Du bist der Boss, du sagst an, was in deinem Leben geschehen soll, und du übernimmst die Verantwortung dafür. Die Angst vor dem Tod, die Mutter aller Ängste, ist nichts weiter als ein altes, langweiliges Schreckgespenst. Denn, wie schon gesagt: Jeder von uns stirbt, geht in eine andere Dimension oder Lebensform über, und zwar genau dann, wenn sein Leben erfüllt ist, nicht früher und auch nicht später. Das ist das Gesetz des Lebens, und daran wirst weder du noch deine Umstände noch die Situation, in der du gerade bist, oder jemand anderes irgendetwas ändern. Es kann dir also nichts passieren. Du kannst allerdings vor lauter Angst dein Leben verpassen. Und das wäre schade. Das Leben will, dass du es hinkriegst. Wir alle wollen das. Deshalb sind wir hier. Deshalb bist du hier.

Die Situation, die deine Gefühle aufpeitscht, und deine Tendenz, dich selbst zu missbrauchen, binden deine Kraft wie dunkle Nabelschnüre. Du denkst, sie versorgen dich mit Nahrung, dabei saugen sie dich leer. Gleichzeitig bist du, ähnlich wie bei einer natürlichen Nabelschnur, vollkommen abhängig von dem, was du dir von ihnen erhoffst.

DEINE ABNABELUNG VON UNGESUNDEM

Denke an eine ungesunde Situation oder Beziehung, unter der du leidest. Jede von ihnen ist dein vergeblicher Versuch, ungestillte Bedürfnisse zu erfüllen.

Stelle dir vor, dass aus deinem Bauch dunkle Nabelschnüre herauswachsen, die dich mit diesen ungestillten Bedürfnissen verbinden. Greife jetzt mit einer Hand nach diesen Schnüren, und stelle dir vor, du hältst in der anderen eine Schere, mit der du sie durchtrennen kannst. Sage laut den Satz: »Ich trenne mich von ... (dieser Situation, dieser Person).« Dann durchtrenne die dunklen Schnüre – eindeutig und mit Nachdruck. Keine Sorge, wenn es auch lichtvolle Verbindungen zu der jeweiligen Person oder Situation gibt, sind diese davon nicht betroffen. Liebe kann man nicht trennen, so, wie du auch einen Lichtstrahl nicht mit der Schere durchschneiden kannst. Du durchtrennst nur die ungesunden Anteile. Das Gute wächst umso besser, wenn das Negative ausgemerzt wird. Stelle dir das einfach wie Unkrautrupfen vor: Du schaffst Platz für das, was du haben willst, indem du das herausreißt, was dich stört und dir schadet.

Diese Übung kannst du auch unterwegs machen. Streiche dir einfach mit der Handfläche über den Bauch, und stelle dir vor, du wischst die dunklen Schnüre wie Spinnweben weg, wenn du ungute Bindungen erkennst und gleich trennen willst.

Wenn eine Situation nicht der Liebe, dem Leben und der Freiheit dient, sondern der Angst oder dem Narzissmus eines anderen oder eines Kollektivs, selbst wenn es ein ganzer Staat ist, dann basiert sie nicht auf den geistigen Gesetzen der Liebe. Und damit brauchen wir sie nicht zu akzeptieren und anzunehmen. Hören wir auf, uns immer wieder zu beschwichtigen und doch noch »das Gute« zu sehen, sondern lernen wir stattdessen, laut und deutlich Nein zu sagen. Wir sind Schöpfer unserer Wirklichkeit, und eines können wir immer tun, selbst wenn wir nicht wissen, wie wir eine Situation im Außen zum Besten wenden können: Wir können immer die Kraft des Lichtes und der Liebe rufen, also beten.

DEINE BITTE UM HILFE

Bitte das Allerhöchste, die Kraft Gottes, in dich hineinzufließen. Sie berührt dein Herz und lässt es weit und frei werden. Genieße diesen Zustand.

Denke nun an die Situation, die dich eng macht und gefangen hält. Bitte darum, dass die göttliche Ordnung wirkt und dir eine Idee, einen Gedanken, ein inneres Bild schenkt, das dich frei sein lässt. Was ist zu tun, wie kannst du die Situation verlassen oder so verändern, dass sie harmonisch wird? Du selbst brauchst es nicht zu wissen. Frage die Intelligenz des Universums, und öffne dich für die Gedanken, die Gefühle und das Wissen, die dir vermittelt werden. Auch wenn du nicht weißt, wie du die Antwort umsetzen sollst, so höre doch genau hin, und nimm das innere Bild ernst, das sich dir als Lösung anbietet. Wenn du es wirklich in dein Herz nimmst und darauf bestehst, dass sich eine echte Lösung verwirklicht, dann wird es auch geschehen. Es sind immer unser Zögern und unser eigenes Beschwichtigen, die echte Lösungen verhindern.

Kranke Menschen, für die auch ohne ihr Wissen gebetet wird, genesen schneller. Wenn das für einzelne Menschen gilt, dann dürfen wir davon ausgehen, dass es das auch für das Kollektiv der Menschheit tut. Bewusst gerufene spirituelle Kraft ist hochwirksam. Wir haben etwas gegen Angst und Ausbeutung in der Hand. Und das dürfen und sollten wir auch nutzen.

CO-ABHÄNGIGKEIT

Von der Sucht, gebraucht zu werden

Wir müssen in diesem Buch über eine weitverbreitete emotionale Sucht sprechen: Co-Abhängigkeit. Denn der ganze spirituelle und emotionale Schutz nutzt dir nur wenig, wenn du dir nicht darüber bewusst bist, dass du womöglich selbst dafür sorgst, dass du Schaden erleidest.

Du kannst sehr einfach erkennen, ob du in einer Beziehung gesund agierst oder co-abhängig bist: In einer gesunden Beziehung kümmerst du dich in erster Linie um dich selbst und um deine Bedürfnisse. Du tust für den anderen das, was er selbst nicht für sich tun kann, aber nur das und auch nur dann, wenn du es willst – außer in Notfällen, doch die sollten die Ausnahme bleiben.

In der Co-Abhängigkeit nimmst du deine eigenen Bedürfnisse gar nicht wahr. Du spürst dich über die Beziehung zum anderen und tust für ihn das, was er will, und auch das, was er für sich selbst tun sollte und könnte – egal, wie es dir dabei geht.

Beantworte diese Fragen:

Kümmerst du dich lieber um die Probleme anderer, statt deine eigenen Gefühle wahrzunehmen?

Hast du mehr Entschuldigungen für andere, als selbst deine besten Freunde akzeptabel finden?

Hast du das Gefühl, dass du dich um die ganze Welt kümmerst, aber wenn du einmal jemanden brauchst, ist niemand da?

Vielleicht hast du als Kind Liebesverlust erlitten oder wurdest bestraft, wenn du deinen eigenen Kopf hattest. Vielleicht hast du nie gelernt, dass dich die Bindung zu dir selbst nährt und dir guttut. Diese Bindung, also das Wissen um deine eigenen Bedürfnisse und die Fähigkeit, sie zu erfüllen, bildet jedoch die Grundlage für reife, selbstverantwortliche und gelingende Beziehungen auf Augenhöhe. Und sie ist die Grundlage dafür, dass du wirklich lieben kannst, statt co-abhängig zu sein.

Wahre Liebe bekommt nur Raum durch wahre innere Freiheit.

In der Überfürsorge, der sogenannten Co-Abhängigkeit, unterstützt du das schädigende Verhalten eines anderen und beschützt ihn vor den emotionalen Folgen seiner eigenen Entscheidungen. Warum machst du das? Weil du dich über die Beziehung zu ihm spürst, nicht über die Beziehung zu dir selbst. Die Gefühle des anderen sind für dich wichtiger als deine eigenen, und deshalb beschützt du ihn vor seinen

Gefühlen. Dich selbst beschützt du vor dem Konflikt, in den du durch die Gefühle des anderen geraten könntest. Du sorgst dafür, dass der andere nicht fühlen muss, wie verletzend und unzumutbar er sich verhält. Das wiederum schädigt dich und laugt dich aus.

Die Angst, verlassen zu werden, ist so immens, dass du dich lieber selbst verlässt, als diesen Schmerz noch einmal erleben zu müssen. Du hältst den anderen in Abhängigkeit, indem du alles für ihn tust. Du kontrollierst ihn durch deine Bereitschaft, seinen Bedürfnissen zu Diensten zu sein, und du schaffst zusammen mit ihm eine Scheinwelt, die du nach außen hin bis zur völligen sozialen Isolation verteidigst. Du wendest dich von Freunden ab, die deine Lügen nicht glauben. Du vergräbst dich zu Hause. Du verteidigst vehement die scheinbar funktionierende Welt, die du aufgebaut hast.

Ein Co-Abhängiger würde sein eigenes Herz in Stücke reißen und mit diesen Stücken die Herzen der Menschen flicken, die er liebt oder denen er sich verpflichtet fühlt.

Ein Liebender schenkt die Kraft seines Herzens, aber nicht das Herz selbst. Er weiß, dass er, um in Liebe zu strahlen, ein vollständiges und glückliches Herz braucht.

Du brauchst einen inneren Schutzraum, in dem du erst einmal zu dir kommst. Du findest diese Übung und weitere Hilfe bei Co-Abhängigkeit im Buch »Ich bleib bei mir«[*].

---
[*] Susanne Hühn: Ich bleib bei mir – Ein Begleiter für den Ausstieg aus der Co-Abhängigkeit, Schirner Verlag 2019.

DAS HAUS DEINER INNEREN WAHRHEIT

Erlaube dir, die Augen zu schließen. Es gibt nichts mehr für dich zu tun, du brauchst niemandem zu gefallen, es niemanden recht zu machen.

Gehe in deiner Vorstellung durch ein Tor, und betritt eine zauberhafte Landschaft. Du folgst einem Weg, der dich in einen Wald hineinführt. Der Weg lässt sich gut gehen, und du folgst ihm gern.

In einiger Entfernung bemerkst du auf einmal ein Haus zwischen den Bäumen. Dieses Haus fühlt sich sehr vertraut an, so, als würdest du es schon lange vermissen, und so ist es auch. Es ist dein Haus, es gehört nur dir, und hier kannst du dich ganz und gar in dich zurückziehen. In diesem Haus musst du niemandem gefallen und für niemanden sorgen, du darfst einfach bei dir sein und dich spüren. Es kann sein, dass dich das mit großem Glück erfüllt oder mit Angst, vielleicht auch mit beidem. Gehe auf das Haus zu, und nimm wahr, in welchem Zustand es sich befindet. Musst du dich durch Dickicht hindurchschlagen, oder führt dich der Weg mühelos zum Eingang? Ist das Haus gepflegt, oder sieht es verwahrlost aus, ist vielleicht nicht einmal fertiggestellt?

Betritt nun das Haus, und schaue dich um. Wie sieht es hier aus? Gefällt es dir, fühlst du dich wohl? Vielleicht willst du das Haus erst einmal aufräumen, wenn das nötig ist. Dann nimm dir die Zeit dafür. Wirf alle hinaus, die es sich in deinem Haus bequem gemacht haben. Du bist jetzt da, und du bist der rechtmäßige Besitzer. Niemand darf dich hier besuchen, es sei denn, du erlaubst es ausdrücklich. Vielleicht ist das Haus mit Möbeln vollgestellt, die dir gar nicht gehören, oder jemand hat seinen Müll abgeladen. Säubere das Haus, bringe es in Ordnung. Entzünde vor dem Haus ein großes Feuer, und verbrenne alles, was du nicht im Haus haben willst. Lasse dir Zeit dafür. Das Feuer erlischt automatisch, wenn du alles verbrannt hast.

Möglicherweise ist dein Haus sogar eine Trutzburg, in der du dein Inneres Kind in Sicherheit bringen kannst. Es ist jedes Mal, wenn du diese innere Reise durchführst, genau so, wie es für dich und den jeweiligen Anteil, um den es geht, richtig ist. Dein Haus kann ein Palast sein, eine Kate im Wald, eine Burg oder ein Luftschloss. Das Wichtigste ist: Es gehört dir – nur dir! –, und es ist genau so, wie du es haben willst, damit du dich wohl- und sicher fühlst.

Es gibt ein ganz besonders gemütliches Zimmer in diesem Haus, in dem du dich sicher und geborgen fühlst, neue Kräfte tanken kannst. Mache es dir in diesem Zimmer bequem, ruhe dich aus, fühle dich ganz und gar wohl bei dir. Vielleicht knistert ein Feuer im Kamin, vielleicht leistet dir ein Kätzchen oder ein Hund Gesellschaft. Genieße diese Zeit mit dir selbst, komme zur Ruhe. Denke deine Gedanken, fühle deine Gefühle.

Wenn du willst, dann rufe den Schutzgeist, der dein inneres Haus gesund und rein hält, wenn du es ihm erlaubst. Er kann wie ein Lichtwesen, ein kompetenter Hausmeister oder eine mütterliche Haushälterin sein – so, wie es für dich am besten passt.

Bleibe so lange in deinem inneren Haus, bis du das Gefühl hast, es ist für dich gut, wieder durch dein Tor in den Raum zurückzukehren, in dem du dich befindest.

Wenn du dir deiner Selbstaufopferungsbereitschaft bewusst bist, kannst du vorher sorgfältig überprüfen, ob du dich einer schwierigen Situation überhaupt ausliefern musst. Das klingt zu einfach, aber es stimmt oftmals, und häufig ist es auch möglich, sie zu vermeiden.

Überprüfe immer, ob nicht auch dein Inneres Kind bedürftig ist. Wenn ja, nutze die Übung »Der sichere Ort deines Inneren Kindes« (S. 40), und bringe es in Sicherheit. Das hat immer Vorrang.

Der Unterschied zwischen Co-Abhängigkeit und Hilfsbereitschaft ist einfach und eindeutig: Hilfsbereitschaft und echte Hilfe gründen auf Liebe, sind also bedingungslos und bereichern dich und andere. Co-Abhängigkeit hingegen zehrt dich auf, verbraucht deine Energien und erfüllt die Forderungen der anderen. Es ist die Sucht, gebraucht zu werden, um sich selbst gut, anerkannt oder wert zu fühlen. Bist du co-abhängig, hängt dein Wohlbefinden davon ab, ob es den anderen gut geht. Deine Aufmerksamkeit ist nach außen gerichtet, und du lässt dich selbst außer Acht, fragst dich nicht nach deinen eigenen Bedürfnissen. Diese nimmst du auch gar nicht wahr, denn dir ist das Wohlergehen der anderen sowie deren Meinung über dich wichtiger als du dir selbst. »Selbstaufopferung« beschreibt bereits das, was dann mit dir passiert: Du opferst dich und deine Bedürfnisse dem vermeintlichen Wohle anderer, legst dich selbst und deine Hilfsbereitschaft wie Opfergaben auf einen Altar, um sie milde zu stimmen. Wenn sie dich dann loben, dir sagen, dass sie dich lieben oder wertschätzen, fühlst du dich gut. Dabei kontrollierst du die Meinung, die andere über dich haben. Je mehr du gibst, umso mehr »lieben« sie dich. Dies hat aber mit Liebe oder gar Nächstenliebe rein gar nichts zu tun. Du betreibst Raubbau an dir selbst.

Ignorierst du dich selbst auf Kosten der »Liebe«, die du dir von anderen durch deine Aufopferung erkämpfst oder sogar erzwingst, wirst du emotional verhungern. Auch beraubst du dadurch andere ihrer Selbstbestimmung, zu der es gehört, dass sie Verantwortung für sich übernehmen und sich selbst helfen oder um Hilfe bitten.

Wenn du von anderen um Hilfe gebeten wirst, kannst du Nein sagen, ohne dass du Angst haben musst, sie im Stich zu lassen. Du kannst darauf vertrauen, dass dein Nein immer Raum für Selbsthilfe oder die Hilfe anderer schafft. Wenn dir keine Wahl gelassen wird, dann ist das Erpressung. Wenn du dich für andere aufopferst, kontrollierst du ihre Gefühle in Bezug auf dich. Du hilfst ja, damit du dich besser fühlst und andere nicht schlecht über dich denken. Die Not anderer dafür zu benutzen, das eigene Selbstwertgefühl zu stärken, ist nicht altruistisch, sondern selbstsüchtig.

Dein Leben bietet alles, was du brauchst. Wenn du dich um dich kümmerst, lernen andere, das Gleiche für sich zu tun. Denn auch deren Leben birgt alles, was sie brauchen. Wenn du loslässt, erlaubst du, dass sich die natürliche göttliche Ordnung wiederherstellen kann. Entlässt du dich aus der Abhängigkeit von Menschen, dann entlässt du damit auch alle anderen in ihre eigene Selbstständigkeit. Hier fängt Hilfe zur Selbsthilfe an. Das ist gesund für alle Beteiligten und ermöglicht jedem den Zugang zu seiner eigenen höheren Macht.

Der allerbeste Schutz ist, dahin zu gehen, wo du dich geliebt und anerkannt fühlst, wo du sein darfst, wie du bist, und alle anderen Situationen nach und nach hinter dir zu lassen. Von Chuck Spezzano stammt der Satz: »Wenn es verletzt, ist es keine Liebe.«* Diesen kannst du auf deine jeweilige Situation übertragen.

Wenn du dich andauernd schützen musst, ist die Situation nicht gut für dich.

Schon allein deine Bereitschaft, dich zu verändern, indem du die von uns beschriebenen Schutztechniken anwendest, ändert dein Bewusstsein. Wenn du mehr Hilfe brauchst, lasse dir zum Beispiel in einem 12-Schritte-Programm von Menschen helfen, die das Gleiche durchgemacht haben. Im Kapitel »Wenn du die Kontrolle verloren hast« (S. 169) findest du Internetadressen. Selbstverständlich kannst du dir auch einen Therapeuten suchen.

Wenn du auf gesunde Weise für andere da sein willst, sind diese Fragen hilfreich:

- Was brauchst du von mir?
- Was möchtest du, was ich für dich tue?

Stelle diese Fragen, und gib dem anderen die Verantwortung für seine Not zurück. Helfen darfst du, wenn du willst. Aber du musst nicht raten, was er braucht. Du musst es nicht einmal erspüren, auch dann nicht, wenn du es kannst.

---

* Chuck Spezzano: Wenn es verletzt, ist es keine Liebe – Die Gesetzmäßigkeiten erfüllter Partnerschaft, München 2005.

DIE VIOLETTE FLAMME

Sorge für Reinigung und Transformation

Selbstverständlich darf in einem Buch über Schutz und Reinigung die violette Flamme der Transformation nicht fehlen. Wenn du sie bereits kennst, dann möchten wir dich hiermit daran erinnern, dass sie dir jederzeit zur Verfügung steht und sich auch nicht abnutzt, selbst wenn du schon seit Jahren mit ihr arbeitest. Falls du sie noch nicht kennst, dann freuen wir uns, dir einen sehr wirkungsvollen Schutz zeigen zu dürfen.

Die folgende Übung führst du am besten in aller Ruhe durch, zu Hause oder in einer anderen geschützten Umgebung. Sie dient dem Schutz vor und der Reinigung von allen unerwünschten und nicht mehr stimmigen Energien. Natürlich kannst du die violette Flamme auch spontan herbeibitten, wenn du ganz plötzlich Schutz brauchst. Dazu ist es sinnvoll, das nachfolgende innere Bild vorher ein wenig zu üben.

DEINE VIOLETTE FLAMME DER TRANSFORMATION

Schließe die Augen, und stelle dir Folgendes vor: Ein großes Feuer brennt in einer riesigen Schale, aber es ist nicht rot und heiß, sondern violett und kühl. Die Flammen schlagen hoch hinauf und leuchten in den verschiedensten Tönen: helles, zartes Lila am Rand bis hin zu dunklem, sakralem Violett in der Mitte der Flammen.

Gebannt betrachtest du das Schauspiel dieses so ungewöhnlichen Feuers. Auf einmal kommt dir der Gedanke, in dieses Feuer hineinzusteigen. Du betrittst mutig die Schale und lässt dich ganz von diesem Feuer einhüllen. Dein Körper scheint sich auf sehr angenehme Weise aufzulösen, er wird eins mit dem violetten Feuer. Du verschmilzt ganz und gar mit den Flammen, fühlst dich, als wärst du das Feuer selbst. Du nimmst die immense Kraft wahr, die klare, reine Kraft der Reinigung, der echten Transformation und Änderung.

Wenn du willst, dann erlaube jetzt einem Gedanken, einem Gefühl, einer schwierigen Situation, von dem oder der du befreit werden möchtest, in dir aufzusteigen. Dieser schmerzhafte innere Zustand zeigt sich als dunkle Stelle in dir. Die violetten Flammen berühren sie. Ganz leicht steigen alle alten Gedanken und Gefühle, alles, was dich schwer macht, wie Rauch in diesem Feuer auf. Erlaube den violetten Flammen, die Stellen, die nun frei sind, mit neuer Kraft anzufüllen. Bleibe so lange in dem Feuer, bis du dich wirklich gereinigt und frei fühlst.

Wenn du in einer schwierigen Situation bist, dann rufe die Flammen, und stelle dich gedanklich mitten in das Feuer hinein, während du die Situation durchlebst. Du bist dort sicher und geschützt.

UM SEGEN BITTEN

**Erbitte Trost und Hilfe, wenn du sie brauchst
oder spenden willst**

Bisher haben wir viel über Selbstbestimmung gesprochen, darüber, wie wir unser Leben selbst gestalten können. Du hast geübt, die Verantwortung für dich zu übernehmen und dich zu beschützen. Dadurch hast du gelernt, mehr und mehr loszulassen und von anderen unabhängiger zu werden.

Wenn du so sein darfst, wie du bist, dann dürfen auch andere Menschen sein, wie sie sind. Du kannst sie und Situationen immer besser annehmen. Gerade deshalb darfst du um geistigen Beistand bitten – für dich und für andere.

UM SEGEN FÜR DICH BITTEN

Bitte eine Person deines Vertrauens, dir Schutz, Segen und Kraft zu schicken, wenn du weißt, dass du sie brauchst. Es ist ungemein tröstlich, zu wissen, ein anderer zündet eine Kerze für dich an, hält dir den Rücken frei, sendet dir einen Engel. Wann immer du dich also nicht selbst schützen kannst oder das Gefühl hast, besonders viel Kraft zu brauchen, bittest du um Hilfe. Selbstverständlich darfst du auch für dich selbst eine Kerze anzünden.

Wenn du dich voll und ganz hingibst, wenn du dir erlaubst, zu kapitulieren, wenn du bereit bist, anzuerkennen, dass du mit deiner Weisheit am Ende bist, dann geschieht ein Wunder.

Eine höhere Kraft nimmt sich deiner an, und du erhebst dich ganz neu, wirst neu geboren, entstehst aus der Asche deines Loslassens.

Das ist der göttliche Weg: Du bittest eine höhere Macht, in deinem Leben oder im Leben anderer zu wirken, anstatt selbst eingreifen zu müssen. Wenn du bis hierher gekommen bist, dann hast du dich selbst verstanden und weißt um deinen Platz im Universum. Gott, eine höhere Macht oder Engel um Hilfe zu bitten, beweist Demut und spirituelles Bewusstsein. Du bist dir darüber bewusst, dass es Kräfte gibt, die

---

*   Impuls aus: Renate Baumeister & Susanne Hühn: Aufstellungen mit Engeln – Mithilfe der Lichtwesen Seelenweisheit erkennen, Schirner Verlag 2012.

weitaus besser als du überblicken können, welche Hilfe wann für wen nötig ist. Diese zu bitten, sich um die jetzt nötige Hilfe zu kümmern, bekundet, dass du wach bist, dass du verstehst, dass du nicht allein auf dieser Welt bist und dass es nicht nur um dich geht. Gleichzeitig gestehst du ein, dass du nicht die Macht und Kraft hast und auch nicht die Autorität, dich in das Leben anderer einzumischen. Deine Sicht der Dinge ist immer subjektiv, und das, was du meinst, was ein anderer bräuchte, ist nicht unbedingt das, was er sich wünscht oder was seine Situation wirklich verbessern würde. Du hast aufgehört, andere zu bevormunden. Sehr gut!

Auch hast du den Ursprung deiner Kraft entdeckt: Es ist nicht deine Willenskraft, sondern ein göttlicher Wille, etwas, was nicht von dir zu beeinflussen ist. Dieses Bewusstsein hilft dir, dein Leben so anzunehmen, wie es ist, und rettet dich aus deiner Angst, etwas falsch gemacht zu haben, oder aus der Notwendigkeit, zu wissen, wie du es nun richtig machen könntest. Es ist alles gut so, wie es ist, auch wenn es sich gerade nicht so anfühlt. Wenn du dich bewusst ins Vertrauen in eine höhere Macht begibst, wirst du dich sofort anders fühlen: ruhiger, gelassener, mehr im Frieden mit dir und der Welt.

SICH SELBST BEISTEHEN

Leiste dir selbst Erste Hilfe

Du kannst jede Situation meistern, auch im Nachhinein, egal, wie lang sie bereits zurückliegt. Du kannst dich immer noch schützen und die Situation wenn auch nicht ungeschehen machen zumindest lindern und die Auswirkungen löschen. So ist es dir möglich, dich zu erlösen – jetzt, in dieser Minute.

ÜBUNG

DEINE SELBSTRETTUNG

Entspanne dich ein wenig, und erlaube dir, dich an eine Situation zu erinnern, in der du dich verloren, hilflos und ausgeliefert gefühlt hast. Vielleicht siehst du dich als kleines Kind, vielleicht bist du erwachsen, und die Situation ist noch gar nicht lange her, aber es ist dennoch das Innere Kind, das Hilfe braucht. Sieh dich also in einer Situation, in der dieser Anteil berührt wird, und gehe wirklich in sie hinein.

Was tust du gerade, wer ist bei dir, wie alt bist du, und was geschieht? Wodurch wird dieses Gefühl ausgelöst, kannst du das erkennen? Nimm dich in dieser Situation wahr, lasse einmal alle Gefühle zu, vielleicht zum ersten Mal. Erlaube dir, wirklich all die Scham und Verlorenheit zu spüren, sage innerlich Ja zu allem, was gerade auftaucht. Lasse es zu, soweit es möglich ist.

Stelle dir nun vor, du als der Mensch von heute gehst mit in die Situation hinein. Gehe zu dem Kind oder dem Erwachsenen hin, nimm dich selbst in den Arm, und führe dich liebevoll aus der Situation heraus. Vielleicht musst du deiner Mutter, deinem Vater, deinem Chef oder den Schulkindern auf dem Schulhof Paroli bieten und das kleine Kind endlich energisch beschützen. Das kannst du, du bist der Erwachsene. Es ist immer das Kind, das Angst hat, fast nie der Erwachsene. Gehe hinein, als wärst du deine eigene Mutter, dein eigener Vater, und führe das Kind oder den hilflosen Erwachsenen, durch den das Kind sich zeigt, aus der Gefahrenzone. Grenze es ab, sage ihm, dass du von nun an für es da bist, und nimm es mit.

Sage deinen Eltern, dass du dich nun um das Innere Kind kümmerst und dass du ihnen nicht mehr erlaubst, es zu beschämen oder das zu tun, was immer sie getan haben. Dein Inneres Kind darf seine Eltern so sehr lieben, wie es das will, aber die Fürsorge für es übernimmst nun du. Nimm es mit dir mit, schicke es an den sicheren inneren Ort, den du schon kennengelernt hast, erlöse es aus dieser unhaltbaren Situation, und lasse es nie wieder allein. Du bist jetzt da, es braucht nie wieder einsam zu sein.

Findest du dich in einer vergangenen Inkarnation wieder, so schaue sie dir an. Begleite dich selbst, und sieh, was zu tun ist, mit all dem Wissen, das du jetzt hast. Das spirituelle Bewusstsein, das du durch genau diese Erfahrung erlangt hast, ist stabil und sicher bei dir, du kannst es nicht wieder verlieren. Aber die emotionale Erfahrung kannst und darfst du ein für alle Mal hinter dir lassen. Dadurch, dass du in diese vergangene Situation eintauchst, sie noch einmal durchlebst und zu dir hingehst, veränderst du deine emotionale Erfahrung. Du bist auf einmal nicht mehr allein. Du nimmst dich selbst an der Hand, führst dich an der Stelle, an der du damals Hilfe gebraucht hättest, achtsam einen anderen Weg entlang. Damit löschst du die emotionale Ladung, die noch immer auf diesem Ereignis liegt. Die Lebenskraft, mit der du dieses Trauma unter Kontrolle gehalten hast, wird frei und steht dir nun zur Verfügung.

ÄUSSERE HILFSMITTEL FÜR DEINEN INNEREN SCHUTZ

Über die Kraft von Symbolen

Echter Schutz kann nur von innen, aus dir selbst heraus, kommen. Damit du nicht in Resonanz mit den Energien anderer gerätst, musst du dich um dich selbst kümmern. Gleichzeitig hat es mir, Susanne, sehr geholfen, diesen inneren Zustand, solange ich ihn noch nicht in mir spüren konnte, im Außen zu erzeugen. Alles, was du noch nicht in dir entwickelt hast, kannst und darfst du dir von außen holen. Denn damit erlöst du dich aus dem Zustand der Ohnmacht. Wir Menschen reagieren auf Talismane, denen wir eine bestimmte Bedeutung verleihen, auf sichtbare Zeichen und physische Symbole und sollten sie uns deshalb zunutze machen. Auch Kartensets leisten sehr gute Hilfe, wenn wir einen Schutzimpuls für den Tag brauchen.

Ich habe zum Beispiel vor einiger Zeit sehr viel Aura-Soma-Öle* genutzt. Schon das Verschütteln der beiden Flüssigkeiten miteinander gab mir ein Gefühl von Selbstbestimmung. Innerlich war ich zwiegespalten und uneins mit mir. Doch indem ich die verschiedenfarbigen Flüssigkeiten und damit die verschiedenen feinstofflichen Informationen miteinander mischte und so einen neuen energetischen Zustand erzeugte, gab ich mir selbst eine Blaupause für meinen erwünschten inneren Zustand. Eine Freundin, die sich von ihrem Partner trennen

---

*   Aura-Soma wurde 1984 von Vicky Wall (1918–1991) entdeckt und entwickelt. »Aura« steht für »Aurora«, die Göttin der Morgenröte. »Soma« kommt aus dem Sanskrit und heißt »lebendige Energien«. »Aura-Soma« bedeutet »das Licht in lebendigen Energien manifestiert«. Jeweils ein farbiges Öl und ein zumeist andersfarbiges Wassergemisch liegen in einer Glasflasche übereinander. Zur Emulsion verschüttelt ergibt sich eine einzigartige Kombination der unterschiedlichen, in der jeweiligen Flüssigkeit gespeicherten Informationen.

wollte und große Angst davor hatte, umklammerte einen Kristall, während sie das tat, und ließ sich von ihm Kraft geben. Schutzamulette und -steine sind Träger von Informationen, ähnlich wie die Kügelchen in der Homöopathie. Bestimmte Symbole haben Kraft. Materieller Schutz spricht alle Sinne an, nicht nur das Bewusstsein.

Wir sind geistige und physische Wesen und haben im Gehirn Bereiche, die sich nur sicher fühlen, wenn wir etwas anfassen, hören, riechen und sehen können.

Nicht umsonst nutzen Schamanen Ritualgegenstände, denen sie bestimmte Wirkungen zuschreiben. Sie wissen, dass Gegenstände große Kraft bündeln, speichern und auch wieder abgeben können, wenn diese benötigt wird.

Besonders hilfreich ist ein uraltes schamanisches Werkzeug, von dem du bestimmt schon gehört hast: das Medizinrad. Ein Medizinrad ist ein bewusst geschaffener, sicherer Kraftort, den ein Schamane nutzt, um Rituale zu vollziehen, Räume zu schützen und Erkenntnisse zu gewinnen. Die Kräfte der Elemente, mit denen im Schamanismus sehr bewusst gearbeitet wird, sind bestimmten Himmelsrichtungen zugeordnet.

DER NORDEN

Der Norden ist dem Element Luft zugeordnet und steht für Klarheit, logisches, bewusstes Denken und dafür, den Überblick über eine Situation zu behalten, auch dann, wenn sie in emotionaler Hinsicht schwierig ist.

Wenn du zum Beispiel einen Vertrag überprüfst, dich sorgsam nach deinen Rechten und Pflichten erkundigst und aufgrund dieser Informationen die Entscheidung triffst, ihn zu unterschreiben oder eben auch nicht, dann hast du die Kraft des Nordens genutzt. Wenn du gut in der Kraft des Nordens verankert bist, dann kannst du im besten

Sinne erwachsen handeln. Du bist verantwortungsbewusst und bleibst innerlich klar, auch dann, wenn es stressig wird. Du bist wie der Adler, der hoch über allem seine Kreise zieht und den Überblick behält.

DER SÜDEN

Der Süden ist mit dem Element Wasser verwandt und steht für die Hingabe an das Leben, Gefühle und das Innere Kind.

Bist du mit dem Süden vertraut, dann machen dir Gefühle keine Angst, sondern du kannst sie einfach sein lassen, wie sie sind, ohne sie zu vermeiden oder festzuhalten. Du kennst die Rhythmen des Lebens und weißt, dass es sich ständig ändert und ein ewiger Fluss ist. Mühelos vertraust du dich den Veränderungen an, lässt dich vom Strom des Lebens tragen, ohne dich von ihm überwältigen zu lassen. Du musst nicht auf jedes deiner Gefühle mit Kontrolle reagieren, sondern du kannst dich fühlen und dabei innerlich stabil bleiben.

DER WESTEN

Der Westen ist dem Element Erde zugeordnet und steht für Stabilität, Durchhaltevermögen und die Fähigkeit, etwas in sich reifen zu lassen, ohne es zu kontrollieren und durch Ängste zu zerreden. Er symbolisiert die Weiblichkeit, das Nähren und das Energiehalten.

Wenn du mit dem Westen vertraut bist, lässt du dich befruchten, das heißt, du bist offen für Impulse und für Ideen. Du vertraust deinem Körper und weißt, dass Entwicklung ihre Zeit braucht. Du nährst dich selbst und andere mit deinem Wissen, deiner Liebe und deiner Aufmerksamkeit. Dich wirft so schnell nichts um, du stehst fest und sicher auf deinem Platz, und du kannst dich auf dich selbst verlassen. Du gehst die Dinge, wenn nötig, langsam an und folgst unbeirrbar und geduldig dem Weg, von dem du spürst, dass er für dich richtig ist. Rückschläge werfen dich nicht ernsthaft aus der Bahn, sondern du vertraust dir selbst.

DER OSTEN

Der Osten ist dem Feuer zugeordnet und steht für das, wofür du brennst.

Die Kraft des Ostens will andere voller Inspiration durch Ideen und Taten befruchten. Der Osten symbolisiert die Kreativität, die Männlichkeit und die Fähigkeit, das, was du willst, auch zu tun. Das Feuer steht für deine Tatkraft und Begeisterungsfähigkeit. Wenn du gut im Osten verankert bist, dann lässt du deinen begeisterten Worten auch Taten folgen. Du kannst dich darauf verlassen, dass du tust, was du wirklich tun willst, und bist deshalb für dich selbst und auch für andere vertrauenswürdig. Die Freude am Tun, am Umsetzen von kreativen Ideen, ist das Merkmal des Ostens.

LEGE DIR DEIN MEDIZINRAD

Du brauchst einen Kompass (dein Handy hat vielleicht eine App), ein wenig Platz für einen Kreis von mindestens einem Meter Durchmesser, vier Steine und, wenn du magst, je ein Symbol für Luft, beispielsweise eine Feder, für Erde, zum Beispiel einen Kristall, für Wasser, zum Beispiel eine Muschel oder eine Schale mit Wasser, und für Feuer, beispielsweise eine Kerze. Hast du keine Symbole, dann nutze entweder unterschiedliche Steine, oder schreibe einfach die jeweilige Richtung auf einen Zettel oder auf den Stein.

Du kannst das Medizinrad in der Natur oder in deiner Wohnung legen. Sehr hilfreich ist es, den Platz des Medizinrades durch einen kleinen runden Teppich oder eine runde Tischdecke, die du auf den Boden legst, zu markieren, wenn du es in der Wohnung gestaltest.

Markiere auf dem Boden einen Kreis, der groß genug ist, dass du dich bequem hineinsetzen kannst. Nutze den Kompass, um die vier Himmelsrichtungen zu bestimmen, und lege in jede einen Stein, der damit zum Richtungsstein wird, und das entsprechende Symbol dazu. Stelle dich in die Mitte des Kreises. Wende dich nacheinander jedem der vier Steine zu, und sage: »Ich rufe die Kräfte des Südens (bzw. des Westens, des Ostens, des Nordens – je nachdem, in welcher Richtung du gerade stehst).«

Wenn du einen ganzen Raum schützen willst, weil du zum Beispiel in ihm arbeitest, dann lege das Medizinrad einfach so, dass es den ganzen Raum ausfüllt. Die jeweiligen Richtungssteine liegen dann direkt an der Wand. Das kannst du natürlich auch mit einem Gebäude, einem Garten usw. tun.

Willst du Klarheit in einer Angelegenheit, dann setze dich mit etwas zum Schreiben in dein Medizinrad hinein. Erlaube den Kräften der verschiedenen Richtungen, dich innerlich ins Gleichgewicht zu bringen, indem du sie einfach wirken lässt. Schreibe deine Gedanken auf.

Willst du diese Übung erweitern, dann wende dich im Medizinrad bewusst jeder Richtung zu. Schaue auf den jeweiligen Richtungsstein, und lasse dir von den Elementen Gedankenanstöße geben. Wundere dich nicht: Der Norden gibt dir andere Impulse als der Süden, der Westen sagt etwas anderes als der Osten. Alle Informationen zusammen ergeben ein stimmiges Bild, aufgrund dessen du Entscheidungen treffen kannst.

Noch deutlicher spürst du die unterschiedlichen Kräfte, wenn du dich direkt in die jeweilige Richtung setzt, also nicht in der Mitte Platz nimmst, sondern auf dem Kreisbogen des Medizinrades. Befrage jede Himmelsrichtung, indem du dich auf den jeweiligen Platz begibst, und schreibe deine jeweiligen Gedanken auf. Zensiere dich nicht, deine Gedanken können sich auf den unterschiedlichen Plätzen sogar widersprechen.

Verlasse das Medizinrad, wenn du alle Richtungen besucht hast, und schaue dir dann in Ruhe deine Aufzeichnungen an. Alle Gedanken und Impulse zusammengenommen spiegeln deine innere Wahrheit wider.

Immer wenn du dich in einer belastenden Situation befindest, der du dich nicht entziehen kannst und in der du besonderen Schutz brauchst, kannst du äußere Hilfsmittel anwenden. Sie ersetzen allerdings nie deinen Rückzug aus ungesunden Situationen. Das Wichtigste beim Nutzen all dieser Hilfsmittel ist deine Absicht: Du bist bereit, dich zu schützen, du willst nicht mehr Spielball der Energien anderer sein, du möchtest auf dich aufpassen und gut für dich sorgen. Dein Nein zur Ohnmacht und dein Ja zur Selbstbestimmung haben die größte Wirkung.

BEISPIELE FÜR DIE ANWENDUNG IM ALLTAG

Wie du die Werkzeuge nutzen kannst

Wir haben euch, unsere Leser, gefragt, in welchen Alltagssituationen ihr euch Schutz wünscht. Wir danken euch sehr für eure Antworten und möchten hier einige typische Herausforderungen und unsere Ideen dazu vorstellen.

Das Wichtigste ist: Nutze die Werkzeuge, die dir liegen, mit denen du dich wohlfühlst. Wenn du bei bestimmten Übungen immer wieder nachschauen musst, wie sie aufgebaut sind, wenn du sie immer wieder vergisst, dann passen sie nicht zu dir. Selbstschutz darf leicht sein. Natürlich kann es sich zunächst ungewohnt anfühlen, sich selbst zu beschützen, das darf es auch, doch es sollte nicht allzu kompliziert sein.

DER TRIGGER IM REITSTALL

DAS ANLIEGEN

In dem Reitstall, in dem mein Pferd steht, treffe ich regelmäßig auf den Stallbesitzer. Dieser ist für mich ein extremer Trauma-Trigger. Er erinnert mich an den Mann, der mich als Kind missbraucht hat. Mein Inneres Kind reagiert immer wieder sehr massiv auf ihn. Ich erlebe tiefe Angst und das Gefühl, wie in einem Nebel zu sein, bis hin zu kompletter Dissoziation und Erinnerungslücken. Ich arbeite bereits daran, aber ein paar mehr Werkzeuge wären sehr hilfreich, um mit der Situation besser klarzukommen.

UNSERE ANTWORT

Achte bitte neben deiner eigenen Sicherheit auch auf die deines Tieres. Es ist vollkommen abhängig von dir. Pferde sind Fluchttiere. Ihr Gehirn ist wie ein Seismograf für Gefahr. Wenn du dich als Besitzer ständig in Gefahr wähnst, dann stresst du dein Tier und kannst nicht so frei mit ihm umgehen, wie ihr euch das beide wünscht. Wechsle in diesem Fall lieber den Stall – dir selbst und deinem Pferd zuliebe.

Nutze zunächst die Übung »Deine Selbstrettung« (S. 145). Rette dein Inneres Kind aus der missbräuchlichen Situation, und zwar so oft wie nötig. Das ist wichtig, damit der Trigger nach und nach gelöscht wird und du dich sicherer fühlst.

Bringe jedes Mal, bevor du in den Stall gehst, dein Inneres Kind an den sicheren Ort in deinem Inneren. Mache also die Übung »Der sichere Ort deines Inneren Kindes« (S. 40).

Wenn du mit dem Stallbesitzer sprechen musst, dann nutze die Übung »Die goldene Acht« (S. 34).

Durchtrenne hinterher immer die dunkle Nabelschnur, die zum Stallbesitzer entstanden sein mag, indem du die Übung »Deine Abnabelung von Ungesundem« (S. 128) durchführst. Durchtrenne auch die dunkle Schnur, die zu deinem Pferd entsteht, weil du deine Ängste vor ihm verbergen musst. Immer wenn wir nicht echt sind, knüpfen wir selbst diese dunklen Nabelschnüre. Da ihr in Abhängigkeit voneinander lebt – du und dein Pferd seid abhängig vom Stallbesitzer, dein Pferd ist abhängig von dir, und du vertraust ihm, indem du es reitest, auch dein Leben an –, entstehen diese dunklen Verbindungen, wenn du so sehr getriggert wirst.

Falls du weißt, wann der Stallbesitzer vor Ort sein wird, siehe zu, dass du während dieser Zeit nicht im Stall bist.

Wenn du dermaßen traumatisiert bist, dass du auch nach Anwendung der Übungen einen Schock bekommst, sobald du den Stallbesitzer triffst, dann solltest du dir professionelle Hilfe und einen anderen Stall für dein Pferd suchen. Abstinenz ist hier sicher die beste Lösung. Denn dein Pferd muss ja auch mit all den Gefühlen klarkommen, die du im Stall erlebst. Je mehr du dich schützen musst, umso weniger authentisch und echt kannst du bei ihm sein. Darunter leidet dein Tier, denn es braucht dich innerlich offen und emotional in Sicherheit.

INNEREN ABSTAND WAHREN TROTZ MITGEFÜHL

DAS ANLIEGEN

Ich habe oft mit Menschen zu tun, die bei mir Rat suchen oder sich mir anvertrauen. Da ich hellfühlig bin, gut zuhören kann und es auch als Auftrag sehe, diese Fähigkeiten einzusetzen, bin ich sehr gern für andere da. Ich habe mir angewöhnt, zu fragen, ob ich das, was ich wahrnehme, mitteilen darf. Trotzdem geschieht es öfter, dass ich diese Menschen energetisch nicht loswerde, sie als Fremdenergien an mir hängen bleiben. Ich kann das austesten, und mein System zeigt mir das auch durch ein Klingeln im Ohr an. Ich weiß dann, was los ist, bevor ich mich richtig schlecht fühle. Die Frage ist: Wie kann ich für andere da sein, Mitgefühl und Empathie aufbringen, zuhören und trotzdem den nötigen inneren Abstand wahren? Selbst wenn ich es schaffe, habe ich das Gefühl, auf der Hut sein zu müssen. Manchmal klinkt sich jemand bei mir ein, und ich habe überhaupt keine Idee, wie das zustande kam.

UNSERE ANTWORT

Wichtig ist, dass du ganz genau unterscheidest, welcher Anteil von dir helfen will und welcher nicht. Und du musst erkennen, aus welchen Gründen du helfen willst. Gerade wenn du es als Auftrag siehst, deine

Fähigkeiten einzusetzen, ist es besonders wichtig, dass du dir Auszeiten nimmst, in denen du nur dich fühlst. Immer wenn du die Gefühle eines anderen wahrnimmst, nutzt du dich selbst als Resonanzkörper für seine Energien. Damit du gesund und in deiner Kraft bleibst, ist es wichtig, dass du genügend Zeiten hast, in denen du nur dich spürst, damit du deinem Körper die Möglichkeit gibst, in der eigenen Schwingung zu bleiben.

Kümmere dich um deine Erdung. Nutze die Übungen aus dem Kapitel »Die Kraft der Erde – Deine Sicherheit durch ideale Erdung finden« (S. 69). Deine innere Stabilität bildet die Basis für deinen Schutz.

Sorge gut für dein Inneres Kind, damit du nicht aus den falschen Gründen für andere da bist, nämlich um Anerkennung zu bekommen und weil es nicht anders kann, als andere retten zu wollen. Mache die Übung »Der sichere Ort deines Inneren Kindes« (S. 40).

Überprüfe mit den Fragen auf S. 131, ob du zur Co-Abhängigkeit neigst. Wenn ja, suche dir Hilfe, und enthalte dich der Hilfestellung für andere, wo immer das möglich ist. Denn diese ist in diesem Falle nicht nur dein spiritueller Auftrag, sondern auch dein Suchtmittel. Das ist natürlich schwierig und auch nicht immer möglich, wenn du von dem, was du tust, lebst. Doch nimm deine Droge ernst.

Setze Zeitlimits, indem du die Übung »Finde dein Zeitlimit« (S. 27) durchführst. Entscheide, wann du für wen da bist und wie lange.

Nutze den weißen Schutzmantel (S. 125), wenn du unter Menschen bist und gerade nicht für andere da sein willst. Erkenne, dass du anderen nicht ununterbrochen zur Verfügung stehen musst, sondern dass du, gerade weil du so empfindsam bist, Zeiten für dich brauchst. Das Wichtigste ist, dass du dich selbst fühlst und gut für dich sorgst.

Durchtrenne nach jeder Begegnung die eventuell entstandenen dunklen Nabelschnüre (S. 128). Nutze, wenn nötig, den Kristall der Reinigung (S. 97).

Nutze das goldene Ei (S. 93), um dich immer wieder auszuruhen und dir eine Rückzugsmöglichkeit zu verschaffen.

Mache die Übung »Der Silbersee« (S. 109). Hierbei visualisierst du eine Schutzhülle für deine Nerven, die dir helfen kann, nicht mehr ganz so sensitiv zu sein, wenn du es nicht sein willst.

ENERGIEVAMPIRE LOSWERDEN

DAS ANLIEGEN

Mein Mann und ich sind Anfang Februar umgezogen. Wir haben wirklich liebe Nachbarn, allerdings sind sie extreme Energievampire, und sie versuchen immer, mich in ihre Angelegenheiten hineinzuziehen. Sie haben massive familiäre Probleme. Es ist mittlerweile wirklich schlimm, und ich schaffe es nicht, mich zu schützen, sodass ich energietechnisch massiv im Minus bin.

UNSERE ANTWORT

Da wir nicht wissen, woran es liegt, dass dich die Nachbarn derart in ihre Probleme hineinziehen, können wir nur spekulieren, was helfen könnte. Sind sie wirklich sehr übergriffig, stehen andauernd bei dir auf der Matte und brauchen etwas? Oder ist es eher deine eigene Co-Abhängigkeit, die dich glauben lässt, dich ständig um sie kümmern zu müssen? Im schlimmsten Fall, wenn es gar nicht anders geht, müsst ihr wegziehen, doch bevor es so weit kommt, gibt es noch einiges, was du tun kannst.

Befasse dich dringend mit dem Kapitel »Co-Abhängigkeit – Von der Sucht, gebraucht zu werden« (S. 131). Wichtige Fragen, wenn du für andere da sein willst, sind: »Was brauchst du von mir?«, und: »Was möchtest du, was ich für dich tue?« Stelle diese Fragen, und gib dem anderen die Verantwortung für seine Not zurück. Helfen darfst du, wenn du willst. Aber du musst nicht raten, was er braucht. Du musst es nicht einmal erspüren, auch nicht, wenn du es kannst.

Stelle dir außerdem diese Fragen: »Welche Art von Hilfe brauchen meine Nachbarn wirklich?«, und: »Kann und will ich sie leisten?« Wenn die Antwort auf die zweite Frage Nein lautet, verweise die Nachbarn auf die entsprechende Hilfestellung, und unterstütze sie dabei, Hilfe zu bekommen. Vielleicht leisten die Internetadressen am Ende des Buches (S. 171) gute Dienste, falls es sich bei dem Problem um eine Suchterkrankung handelt. Sind Kinder oder Tiere mit im Spiel, scheue dich nicht, tätig zu werden und Hilfe zu holen, wenn du Missbrauch von abhängigen Wesen jeglicher Art befürchtest.

Durchtrenne die dunklen Schnüre (S. 128), die sich zwischen euch gebildet haben.

Lege die goldene Acht (S. 34) um eure Häuser oder Wohnungen. Reicht das nicht aus, dann lasse die Acht schwarz werden (S. 37).

Lerne, deutlich Nein zu sagen. Nutze dazu die Übung »Deinen eigenen Willen erkennen« (S. 115).

Kümmere dich um dein Inneres Kind, indem du die Übung »Der sichere Ort deines Inneren Kindes« (S. 40) durchführst. Rette es, wenn nötig, aus Situationen, die in emotionaler Hinsicht denen deiner Nachbarn ähnlich sind, damit es nicht ständig in Resonanz mit deren Schmerz gerät. Denn manchmal ziehen wir genau das an, was in uns gesehen werden will. Dann können wir es nicht loswerden oder uns davor schützen und brauchen selbst Heilung.

Nutze die Schutzhülle für deine Nerven (S. 109), wenn du mit den Nachbarn zusammentriffst, damit du in dir besser geschützt bist.

Möchtest du wirklich deine Ruhe haben, dann lege dir den weißen Schutzmantel (S. 125) um.

Nutze ein Schutzamulett oder einen Feng-Shui-Spiegel für dein Haus, und bringe das Symbol an der zu den Nachbarn hingewandten Seite an.

Lege ein Medizinrad um dein Haus oder in deiner Wohnung (S. 152).

DEN ALTEN, KRANKEN VATER PFLEGEN

DAS ANLIEGEN

Ich habe einen pflegebedürftigen, bettlägerigen Vater, erlebe mit ihm jeden Tag schwere Energie und durch seinen wechselhaften Zustand immer Anspannung. Gleichzeitig tut es mir sehr weh, seinen langsamen Verfall mitzuerleben.

UNSERE ANTWORT

Suche dir unbedingt Hilfe! Du musst nicht alles allein machen, nur weil du vor Ort bist und es kannst.

Schenke dir jeden Tag spirituelle Lichtnahrung in Form der goldenen Herzen (S. 99).

Bringe dein Inneres Kind an einen sicheren Ort (S. 40), bevor du deinen Vater besuchst und für ihn sorgst.

Bist du bei ihm, nutze die goldene Acht (S. 34).

Nutze die Schutzhülle für deine Nerven (S. 109), damit du in Sicherheit bist.

Kümmere dich um deine Erdung, lasse dir ein besonders kräftiges Erdchakra von Mutter Erde geben (S. 73).

Durchtrenne immer wieder die entstandenen dunklen Schnüre (S. 128).

Bitte eine Person deines Vertrauens, für dich eine Kerze anzuzünden, damit du noch mehr Schutz bekommst (S. 142).

Vor allem aber: Sorge für Auszeiten. Kümmere dich um dich. Tue Dinge, die dir Kraft geben, und lasse alles andere sein. Wenn du eine so herausfordernde Aufgabe hast, dann kannst du nicht auch noch anderen zur Verfügung stehen. Mache dir klar, wie großartig das ist, was du leistest, und erkenne dich dafür an.

KINDER IN DER SCHULE SCHÜTZEN

DAS ANLIEGEN

Es wäre toll, etwas zum Schutz meiner Kinder tun zu können, wenn ich merke, dass sie energetisch etwas von der Lehrerin mitgebracht haben oder total überdreht sind. Was können wir nach oder vor der Schule machen, damit die Energien der anderen von ihnen abprallen?

UNSERE ANTWORT

Kinder lieben Krafttiere, Schutzengel und alles, was sie anfassen können. Das Wichtigste ist, dass sie zu Hause sie selbst sein können und keine Lasten der Eltern tragen müssen. Kümmere dich also gut um dein eigenes Inneres Kind, damit du unbelastet Mutter oder Vater sein kannst und gern für die Belange deines physischen Kindes zur Verfügung stehst. Führe die Übung »Der sichere Ort deines Inneren Kindes« (S. 40) durch.

Besorge dem Kind ein Schutzamulett, ein Auraspray oder einen Schutzstein, das oder den es mit in die Schule nehmen kann.

Lege dem Kind morgens, bevor es das Haus verlässt, in Gedanken den weißen Schutzmantel (S. 125) um, und sage ihm das auch.

Übe mit ihm die Anwendung der goldenen Acht (S. 34). Nutze dazu goldenes Geschenkband, wenn ihr die goldene Acht praktisch und anschaulich erleben wollt.

Durchtrenne mit dem Kind nach der Schule die dunklen Schnüre (S. 128), die sich gebildet haben. Das kannst du auch ganz plastisch tun, indem du ihm mit einem stumpfen Gegenstand über den Bauch fährst und die dunklen Schnüre symbolisch durchschneidest. Das Kind kann sich auch selbst von den dunklen Schnüren befreien: in Gedanken oder mit der Handkante. Doch viel schöner ist es, wenn du dieses Ritual mit ihm zusammen durchführst.

SELBST ENGEL BRAUCHEN AUSZEITEN

Bewusst Selbstverantwortung übernehmen

Immer wieder sagen Leser, dass sie die Übungen toll finden, aber dafür keine Zeit haben. Sie fragen, ob es nicht Schutzkräfte gäbe, die einfach wirken, ohne dass sie etwas dazu beitragen müssten. Natürlich wirken Schutzkräfte immer, besonders dann, wenn wir uns ausgeliefert und ohnmächtig fühlen, wir sie also dringend brauchen. Dafür sind sie schließlich da.

Die Schutzkräfte können aber nur wirken, wenn du dich ihnen zur Verfügung stellst. Stelle dir eine Lichtsäule vor, wie du sie aus den Übungen kennst. Du siehst sie, doch du machst dir nicht die Mühe, hinzugehen. Die Lichtsäule kann dir nicht helfen, wenn du zu bequem bist, ihre Kraft zu rufen. Denn dann stehst du dieser Hilfe nicht zur Verfügung. Es gehört zu deiner Selbstverantwortung, dich um das zu kümmern, was dir möglich ist. Wenn du erwachst und aus den spirituellen Kinderschuhen herauswächst, dann übernimmst du automatisch Stück für Stück die Verantwortung für deinen Schutz. Dass du dieses Buch in der Hand hast, ist ein Zeichen dafür, dass du auf dem richtigen Weg bist.

Zur Selbstverantwortung gehört auch die tägliche Hygiene deiner Emotionen und deiner Seele. Schaue dir zum Beispiel keine Fernsehsendungen an, die dir emotionale Kraft rauben, dich aufregen oder dir Angst machen. Wusstest du schon, dass künstlich erzeugter Stress die Einschaltquoten erhöht? Willst du dich so billig manipulieren, dich so plump im Stammhirn packen lassen? Öffentliche Hinrichtungen und Hexenverbrennungen zielten übrigens auf die gleichen Hirnareale ab. Wenn eine Fernsehsendung dein Leben weder durch Wissen bereichert noch dich gut unterhält oder dir Lebensfreude schenkt, sondern dir Angst macht oder dich aufregt, dann schaue sie dir nicht an.

Wenn wir das Angstvolle erlösen wollen, besonders in uns selbst, dürfen wir nicht mit dem Teufel tanzen.

Heißt das, du sollst dich nicht mit dem Leid anderer beschäftigen? Nein, natürlich nicht. Du kannst und solltest immer etwas tun, wenn du Leid siehst. Bringe zunächst dein Inneres Kind in Sicherheit, damit es nicht mitleidet. Neben aktiver Hilfe solltest du in erster Linie aufhören, daran teilzunehmen. Das bedeutet: Verstärke das Leid nicht, indem du ihm über Gebühr Aufmerksamkeit schenkst, es filmst, es über soziale Medien teilst oder in Resonanz damit gehst. Du kannst zum Beispiel um Hilfe für den Leidenden beten, ein Licht für ihn anzünden, ihn segnen und seine Seele still daran erinnern, dass auch sie ein Schöpfer ihrer Wirklichkeit sein kann. Du kannst aufhören, anderen Leid zuzufügen oder dich emotional an ihrem Leid zu bereichern, indem du dich mithilfe deren Schicksals wichtigmachst, darüber tratschst, dich darüber ereiferst und dir so selbst Aufmerksamkeit sicherst. Verneige dich vor dem Schicksal der anderen, auch das gibt ihnen positive Kraft, selbst wenn sie es nicht sehen. Beschäftige dich mit jenen Themen, zu denen du Hilfreiches beitragen kannst und willst.

Es gibt keine richtigen oder falschen Schutzrituale. Alles, was dir Kraft gibt, dich mit guten Gefühlen in Kontakt bringt und dich an deine Lebendigkeit und die Liebe in deinem Leben erinnert, dient als Schutz. Wenn ein Gegenstand Wert für dich hat, dir wirklich etwas bedeutet oder dir Ruhe vermittelt, dann trage ihn bei dir. Ist er dafür zu groß, dann genügt auch ein Bild davon.

Spiritueller Schutz ist eine sehr persönliche und intime Angelegenheit. Was dem einen tiefsten Frieden vermittelt, kann dem anderen gar nichts bedeuten. So dränge anderen bitte nicht deinen perfekten Schutzstein auf, wirf nicht mit Bachblüten-Notfallkügelchen um dich, und erzähle nicht jedem von deinem Schutzengel. Jeder hat seine individuelle Art, sich zu schützen, sein eigenes Ritual, auch diejenigen, die das niemals preisgeben würden. Es ist sicher immer sinnvoll, die Möglichkeiten, sich zu schützen, zu erweitern, und manchmal hilft es, anders denken zu lernen. Du darfst zum Beispiel lernen, dir zu erlauben, den Raum zu verlassen, wenn du spürst, dass du fehl am Platz bist. Aber letztlich muss jeder seinen eigenen Weg finden. Wir freuen uns sehr, dass wir dir ein paar Anregungen geben durften.

Je persönlicher du dein Ritual gestaltest, je mehr du dich traust, das zu tun, was sich für dich richtig und gut anfühlt, desto wirksamer ist der Schutz, weil du mehr und mehr in deiner eigenen Kraft stehst.

*Einen besseren Schutz als deine bewusste Anwesenheit
in deinem Leben gibt es nicht.*

Nimm die Verantwortung für dich selbst, für deine Gesundheit und deinen emotionalen und spirituellen Zustand ernst. Beschütze dich so liebevoll, wie du ein Kind beschützen würdest. Sorge für dich, reinige dich, nutze Schutzwerkzeuge, und sorge dafür, dass du dich immer wieder mit Kraft auftankst. Du hast eine spirituelle Aufgabe: Du bringst Liebe, Wärme, Menschlichkeit und Bewusstsein zur Erde. Du lernst, aus Liebe statt aus Angst heraus zu handeln, Mitgefühl zu haben, mit dir selbst und mit anderen. Gerade wegen deines Mitgefühls musst du dir manchmal die Hände schmutzig machen, weil du dich dahin begibst, wo du mit deinem Mitgefühl dringend gebraucht wirst. Genau deshalb benötigst du ab und zu Rückzug, Schutz und innere und äußere Pflege, damit du diese heilige Aufgabe erfüllen kannst, sowohl in dir selbst als auch global.

Selbst Engel brauchen Auszeiten, um ihre Flügel zu reinigen.

WENN DU DIE KONTROLLE VERLOREN HAST

Über Sucht

Nicht jedes extreme Verhalten deutet auf eine Sucht hin, auch wenn es länger andauert. Wenn du aber feststellst, dass du, obwohl du damit aufhören oder etwas verändern willst, nicht in der Lage bist, dein schädliches Verhalten zu unterlassen, kann eine Sucht dahinterstecken. Die laut Statistik tödlichsten und am weitesten verbreiteten Süchte sind die nach legalen Drogen wie Nikotin und Alkohol. Es gibt aber auch Süchte, die ein zerstörerisches Verhalten auslösen, zum Beispiel Co-Abhängigkeit, Sex-, Spiel- und Beziehungssucht. Süchtiges Verhalten kann genauso bei den Angehörigen, ja, sogar den Kindern von Süchtigen angetroffen werden.

Viele Drogen oder süchtige Verhaltensweisen sind zuerst einmal sozial akzeptiert. Wenn sie ausarten, wird der Süchtige verantwortlich gemacht. Da heißt es dann: »Kann er/sie denn nicht einfach etwas weniger trinken?«, »Muss er/sie denn so viel trinken/rauchen?«, oder: »Kann er/sie sich nicht etwas zusammenreißen?« Oft kannst nur du selbst sagen, ob du ein Problem hast, weil nur du weißt, ob und wie oft du schon versucht hast, den Konsum deines Suchtstoffs oder das Praktizieren deines schädlichen Verhaltens zu reduzieren oder ganz damit aufzuhören. Sei ehrlich zu dir selbst, gestehe dir deine Ohnmacht ein, und suche dir Hilfe. Einen Arzt oder Psychologen aufzusuchen, kann ein guter Anfang sein, um dein Problem erkennen und eingrenzen zu können. Oft verweisen auch sie auf eine Selbsthilfe- oder 12-Schritte-Gruppe. Traue dich, denn die Scham über ein Suchtproblem hält dich oft in deinem zerstörerischen Verhalten fest. Dir Hilfe zu suchen und sie anzunehmen, lohnt sich. Du hilfst nicht nur dir selbst, sondern auch anderen. Denn oft ist die ganze Familie betroffen, auch wenn nur ein Mitglied ein Problem hat. Es ist sehr befreiend, wenn du feststellst, dass du mit deinem Problem nicht allein bist. Andere, die auch daran leiden, können mit dir ihre Erfahrung, Kraft und Hoffnung teilen. Aus jeder Sucht gibt es ein Entkommen. Es existiert immer eine Lösung, egal, wie verzweifelt du bist.

Sucht hat nichts mit einem schwachen Willen zu tun. Gerade dann, wenn du mit allem, was dir zur Verfügung steht, versucht hast, aufzuhören oder etwas zu verändern, und immer wieder gescheitert bist, kann es sein, dass du ein Suchtproblem hast. Eine Sucht ist eine Krankheit, du kannst nichts dafür. Sie hat sich entwickelt, und wenn du sie hast, dann brauchst du Hilfe. Du weißt, wenn du an einem Punkt angelangt bist, an dem du nicht nur ein Suchtproblem hast, sondern die Sucht dich fest im Griff hat. Du stellst fest, dass du, was dein Verhalten betrifft, machtlos bist, es dich und andere schädigt. Du verlierst die Kontrolle über dein süchtiges Verhalten und stellst fest, dass du nicht mehr damit aufhören kannst. Bis zu diesem Punkt hast du schon alle erdenklichen Möglichkeiten ausprobiert, um etwas zu ändern, aber bist gescheitert. Dann empfehlen wir dir, dich nach einer 12-Schritte-Gruppe in deiner Nähe umzusehen. Der Beginn der Heilung ist prompt. Ab dem Moment, an dem du zugeben kannst, dass du ein Problem hast, und um Hilfe bittest, geschieht bereits etwas mit dir. Wenn du dich dann noch anderen, die am selben Problem leiden, zuwendest und öffnest, bist du nicht mehr derjenige, der die Antwort haben muss. Du wirst feststellen, dass du nicht allein mit deinem Problem bist und dass es eine Lösung gibt. Fast alle 12-Schritte-Gemeinschaften sind weltweit organisiert. Auch Literatur dazu ist in fast allen Sprachen verfügbar. Es gibt zudem psychosomatische Kliniken, die sich am 12-Schritte-Konzept orientieren. Finde heraus, was zu dir passt. Du wirst feststellen, dass Suchtprobleme viel weiter verbreitet sind, als du denkst. Du bist nicht allein.

Ein erster Schritt in Richtung Genesung ist, dich mit dem Thema »Sucht« vertraut zu machen und herauszufinden, ob du ein Suchtproblem haben könntest. Sowohl Bund als auch Kirchen bieten kostenlose Beratungen an:

- https://www.bundesgesundheitsministerium.de/themen/praevention/gesundheitsgefahren/sucht-und-drogen.html
- https://www.bzga.de/service/beratungsstellen/
- https://hilfe.diakonie.de/hilfe-bei-sucht/
- https://www.caritas.de/hilfeundberatung/ratgeber/sucht/binichsuechtig/binichsuechtig.aspx

Hier sind einige Hinweise für anonyme Gruppen in Deutschland:

- allgemein: https://de.wikipedia.org/wiki/Zwölf-Schritte-Programm
- bei Alkoholmissbrauch: https://www.anonyme-alkoholiker.de
- für Angehörige und Familienmitglieder eines Alkoholikers: https://al-anon.de

- für in einer alkoholkranken Familie Aufgewachsene:
  https://erwachsenekinder.org
- bei ungesunden Beziehungen und Co-Abhängigkeit:
  https://www.coda-deutschland.de
- bei Drogen- und Medikamentenabhängigkeit:
  https://www.narcotics-anonymous.de
- bei Essstörungen: https://www.overeatersanonymous.de/index.html
- bei Sexsucht: https://anonyme-sexsuechtige.de
- bei Beziehungssucht:
  https://slaa.de/shop/literatur-informationen/romanzensucht
- bei Spielsucht: https://www.anonyme-spieler.org/ueber-uns/12-schritte

Seit jüngerer Zeit gibt es auch in der Psychiatrie eine Bewegung, die sich an der Idee der Selbsthilfegruppen orientiert. Bei »Experten aus Erfahrung« helfen Betroffene Betroffenen:

- https://www.experten-aus-erfahrung.de
- http://ex-in.eu/

Wenn du keinen Internetzugang hast, dann kann dir die Gemeindeverwaltung deines Ortes weiterhelfen. Außerdem werden die 12-Schritte-Meetings in den Tageszeitungen unter »Veranstaltungen« angekündigt.

ÜBER DIE AUTOREN

Susanne Hühn wurde 1965 in Heidelberg geboren und ist staatlich anerkannte Physiotherapeutin, Seminarleiterin und Autorin. Ihr Schwerpunkt ist das Lehren emotionaler Intelligenz und innerer Freiheit mithilfe einer liebevollen, beschützenden Beziehung des Erwachsenen zum eigenen Inneren Kind.

Der Zusammenhang zwischen dem Denken und Fühlen und dem körperlichen Symptom, das ihre Patienten jeweils zeigten, interessierte Susanne Hühn besonders, und so absolvierte sie Ausbildungen und Seminare zum Thema »ganzheitliche Medizin«. Mit 28 Jahren ließ sie sich zur psychologischen Beraterin ausbilden. Aufgrund eigener Themen kam sie auch in Kontakt mit spirituellen Therapieformen wie Kinesiologie und Reinkarnationstherapie nach Rhea Powers.

Parallel zu ihrer Tätigkeit als Physiotherapeutin begann Anfang der 1990er-Jahre Susanne Hühns Weg als spirituelle Lebensberaterin und Meditationslehrerin. Zudem fing sie 1992 an, zu schreiben. Nach wie vor faszinierte sie der Zusammenhang zwischen Körper, Geist und Seele, und so begab sie sich auf ihre eigene Forschungsreise. Ihr erstes spirituelles Selbsthilfebuch entstand 1999 und wurde im Schirner Verlag veröffentlicht. Im Jahr 2005 beendete Susanne Hühn ihre Tätigkeit als Physiotherapeutin. Seither widmet sie sich ganz der Lebensberatung und dem Schreiben von Büchern, Artikeln und Geschichten.

www.susannehühn.de

Mo Moberg, geboren 1962, ist Künstler, Schriftsteller, Designer, Musiker und spiritueller Coach. Als hochsensibles und sehr einfühlsames Kind war er schon früh auf der Suche nach höheren Wahrheiten. Sein Weg als Musiker führte ihn 1989 nach Los Angeles, wo er sich nicht nur in der Musikszene etablierte, sondern auch in die lebhafte spirituelle Szene eintauchte. Er versuchte sich in vielen spirituellen und meditativen Praktiken, um seinen Weg zu finden. So erlernte er die Techniken des Rebirthings, der holistischen Massage und der energetischen Heilung. Seine praktischen Erfahrungen erlaubten ihm, auch eigene Techniken zu entwickeln, mit denen er seinen Klienten eine tiefere Selbsterkenntnis und Heilung ermöglichen konnte.

Neben seiner Tätigkeit als Heiler folgte er weiterhin seinen kreativen Berufungen, sei es als Musiker, Fotograf oder Schauspieler. Es waren immer der Kontakt und die Arbeit mit Menschen, die ihn bewegten.

Nach zehn Jahren verließ er Los Angeles. Sein Weg führte ihn über mehrere berufliche Stationen als Manager zuerst nach Deutschland, dann für weitere zehn Jahre nach Finnland. Dort studierte er Design und machte sich nach erfolgreichem Abschluss mit Designprojekten im öffentlichen Raum einen Namen. Gleichzeitig arbeitete er immer wieder mit Einzelpersonen und Gruppen als spiritueller Berater und Coach. Seine feinfühlige Intuition zeigte sich auch bei der Ausbildung zum Hundetrainer in einer hundegerechten Erziehungsmethode, die sich an der Art und am Wesen des Hundes orientiert.

Heute schreibt er spirituelle Texte und unterstützt als internationaler Coach und spiritueller Lehrer viele Menschen.

Über uns: So unterschiedlich unsere Lebenswege bisher auch waren, so erkannten wir dennoch, dass wir unser jeweiliges Leben aufgrund sehr ähnlicher spiritueller Erfahrungen und Erkenntnisse gestalten. So war uns schnell klar, dass wir etwas Gemeinsames in die Welt bringen wollen, ein Buch, durch das wir diese Erfahrungen weitergeben können. Es ist uns eine Freude, unseren Lesern unsere erste Synergie aus unserem Wissen und unserem Bewusstsein vorzustellen.

BILDNACHWEIS

Bilder von der Bilddatenbank www.shutterstock.com:

Umschlag:
#71536783 (© tale), #85389928 (© Misao NOYA), #1452093446 (© ivector), #1193298076 (© EniaB)

Innenseiten:
S. 1–176: grauer Hintergrund #1170982087 (© Evgenii Emelianov); Notizzettel Übung #66458659 (© grafvision), Schwarz-weiß-Zeichnungen #148861661 (© artnLera)

S. 3–5, 16, 20, 22–24, 116, 117: #85389928 (© Misao NOYA); S. 6: #405646975 (© Vadven); S. 11: #388892920 (© BrAt82); S. 17, 29, 66: #1452093446 (© ivector); S. 26: #1071610742 (© samritk); S. 32: #428992012 (© A. and I. Kruk); S. 35, 48: #1227178771 (© ivector); S. 38: #1423300061 (© marina shin); S. 45: #1340460716 (© Followtheflow); S. 52: #130456337 (© archideapho-to); S. 57: #246686527 (© KonstantinChristian); S. 59, 106: #1193298076 (© EniaB); S. 68: #343560086 (© totojang1977); S. 79: #422637508 (© Chamille White); S. 84: #1411580807 (© IuliaIR); S. 95: #551378584 (© motorolka); S. 100: #380915812 (© Gustavo Frazao); S. 108: #753916168 (© Denis Belitsky); S. 113: #1115565062 (© beats1); S. 118: #1388228930 (© Artorn Thongtukit); S. 127: #1366083017 (© ivector); S. 129: #417177115 (© Serhii Yushkov); S. 132: #1279363000 (© Augusta16); S. 137: #1116234575 (© Pasuwan); S. 139: #118199215 (© gadag); S. 141: #1439625431 (© ivector); S. 143: #1278567226 (© sun ok); S. 145: #1471421135 (© Pi-xelvario); S. 147: #1425442238 (© marina shin); S. 151: #261623849 (© CHAIWATPHOTOS); S. 154: #573034585 (© marina shin); S. 163: #686306059 (© Maglara); S. 166: #275585096 (© on-einchpunch); S. 168: #1505398889 (© Andrii Zastrozhnov); S. 171: #704376580 (© Shutter_M)

Bilder von Ewa Ledergerber, www.k-und-d.de:

Umschlag:
Engelsflügel auf linker Klappe

Innenseiten:
S. 1–176: rosa Hintergrund; Schwarz-weiß-Zeichnungen: S. 17: Wolken; S. 29: Stoppuhr; S. 34, 37: liegende Acht; S. 37, 74, 75, 82, 83, 130: rosa Schnörkel; S. 60: Kreis und Strahlen; S. 73: Erde; S. 75: Herz; S. 79: Mann mit Kind auf Schultern; S. 105: Engelsflügel; S. 125: Umhang; S. 129: Schere; S. 135: Haus